职工权益维护法律知识微手册

(第2版)

中华全国总工会法律工作部◎编著

中国工人出版社

目 录

劳动合同篇

工作时间与休息休假篇

安全生产与职业病防治篇

社会保险篇

劳动争议处理篇

建会入会篇

欠薪维权篇

女职工特殊权益保护篇

新就业形态劳动者劳动保障权益维护篇

劳动合同篇

01 为什么要与用人单位签订书面劳动合同？

劳动合同是劳动者与用人单位明确权利和义务的协议。签订书面劳动合同是证明劳动者与用人单位存在劳动关系最直接、最基本的证据，也是在发生劳动争议后双方寻求法律救济的重要依据。如果没有书面劳动合同而仅凭口头约定，那么在履行劳动合同的过程中及发生劳动争议后，双方的权利义务很难确定，甚至可能由于没有劳动合同导致劳动争议处理部门对劳动者的举报或申诉不予受理。

律师提醒

劳动合同绝不是可有可无的，俗话说“空口无凭，立字为据”，书面的凭据很重要。劳动者到用人单位工作，应当签订书面劳动合同，这才是对劳动者权利最有效的保障。

02 劳动合同应当包括哪些内容？

《劳动合同法》[①]第十七条第一款规定，劳动合同应当具备以下条款：

（1）用人单位的名称、住所和法定代表人或者主要负责人；

（2）劳动者的姓名、住址和居民身份证或者其他有效身份证件号码；

（3）劳动合同期限；

（4）工作内容和工作地点；

（5）工作时间和休息休假；

（6）劳动报酬；

（7）社会保险；

（8）劳动保护、劳动条件和职业危害防护；

（9）法律、法规规定应当纳入劳动合同的其他事项。

---

① 本书中简称《劳动合同法》，为行文简洁，其他法律一般也省略“中华人民共和国”。

律师提醒

劳动合同中除包括上述规定的必备条款外，用人单位可以与劳动者约定试用期、培训、保守秘密、补充保险和福利待遇等其他事项。

03 签订劳动合同应当注意哪些事项？

根据《劳动合同法》的相关规定，签订劳动合同应注意以下事项：

（1）劳动者的姓名、住址、居民身份证或者其他有效身份证件号码，以及用人单位的名称、住所、电话、法定代表人姓名等，一定要全部填写清楚。尤其是用人单位的名称要写全称，住所一定要填写准确。

（2）劳动合同中有关工资报酬、工作岗位和工作地点的内容一定要写清楚，这是最容易发生纠纷的地方。

（3）不要签空白合同，更不要在空白纸上签字。空白合同是指在劳动合同期限、工资、工作岗位等涉及劳动者切身利益的内容部分是空白的，由于这样的合同不完整，一旦签字后，用人单位就可能在空白处填写对劳动者不利的内容。

（4）劳动合同签订后，应由双方签字盖章，一式两份，并由双方各保存一份。

律师提醒

有些劳动合同中约定了一些不合法的内容，例如，女职工不得结婚生育，因工负伤的“工伤自理”，甚至签订生死合同，等等，这些条款从法律上讲都是无效的，即使劳动者签字也没有法律效力，但是合同的其他部分仍然有效。所以，如果合同里有违法条款，确有必要时，劳动者也可以签订该合同，其合法权益不会因此受损。

04 用人单位不愿签订书面劳动合同，劳动者该怎么办？

在这种情况下，劳动者与用人单位之间只能建立事实劳动关系。原劳动和社会保障部发布的《关于确立劳动关系有关事项的通知》（劳社部发〔2005〕12号）第一条规定：用人单位招用劳动者未订立书面劳动合同，但同时具备下列情形的，劳动关系成立。（一）用人单位和劳动者符合法律、法规规定的主体资格；（二）用人单位依法制定的各项劳动规章制度适用于劳动者，劳动者受用人单位的劳动管理，从事用人单位安排的有报酬的劳动；（三）劳动者提供的劳动是用人单位业务的组成部分。

为避免发生劳动纠纷后权益受损，劳动者要想办法取得并妥善保存与用人单位之间存在劳动关系的证据。根据《关于确立劳动关系有关事项的通知》第二条规定：用人单位未与劳动者签订劳动合同，认定双方存在劳动关系时可参照下列凭证：（一）工资支付凭证或记录（职工工资发放花名册）、缴纳各项社会保险费的记录；（二）用人单位向劳动者发放的“工作证”“服务证”等能够证明身份的证件；（三）劳动者填写的用人单位招工招聘“登记表”“报名表”等招用记录；（四）考勤记录；（五）其他劳动者的证言等。具体而言，这些证据主要包括：用人单位出具的从哪一天开始上班、做什么工作的书面证明；工友出具的从哪一天开始上班、做什么工作的书面证明；上岗证、出入证、考勤卡、工资卡、工资清单、微信记录、支付凭证等。如果上述证据都无法获取，劳动者需要用书面形式记录下该单位的名称、法人代表的姓名和联系方式以及从什么时间开始在该单位上班、每天的工作内容和工作时间、工友都有谁。如果工作一个月后，仍然没有签订书面劳动合同，劳动者就可以申请仲裁，主张未签订劳动合同的二倍工资差额。

律师提醒

有些用人单位不愿意和劳动者签订劳动合同，但劳动者要知道在这种情况下如何保护自己的合法权益。我们知道，在发生劳动纠纷后寻找证据往往很难，因此，劳动者自己提前保存好证据很重要，工作中要及时收集相关证据，防患于未然。

05 试用期时间是多长？试用期内用人单位可以随意解除劳动关系吗？

根据《劳动合同法》第十九条的规定，劳动合同期限三个月以上不满一年的，试用期不得超过一个月；劳动合同期限一年以上不满三年的，试用期不得超过二个月；三年以上固定期限和无固定期限的劳动合同，试用期不得超过六个月。

同一用人单位与同一劳动者只能约定一次试用期。

以完成一定工作任务为期限的劳动合同或者劳动合同期限不满三个月的，不得约定试用期。

试用期包含在劳动合同期限内。劳动合同仅约定试用期的，试用期不成立，该期限为劳动合同期限。

试用期内用人单位可以依法解除劳动关系。如果试用期内用人单位证明劳动者确实不符合录用条件而解除了劳动合同，劳动者是不能要求单位支付经济补偿的。但劳动者在试用期内有权利要求用人单位支付劳动报酬、缴纳社会保险费。

律师提醒

试用期是劳动者与用人单位双方互相适应的一个阶段，但期间劳动者仍然享有法律规定的相应权利。

06 劳动者在什么情况下有权要求签订无固定期限劳动合同？

《劳动合同法》第十四条第二款和第三款明确规定，用人单位与劳动者协商一致，可以订立无固定期限劳动合同。有下列情形之一，劳动者提出或者同意续订、订立劳动合同的，除劳动者提出订立固定期限劳动合同外，应当订立无固定期限劳动合同：

（1）劳动者在该用人单位连续工作满十年的；

（2）用人单位初次实行劳动合同制度或者国有企业改制重新订立劳动合同时，劳动者在该用人单位连续工作满十年且距法定退休年龄不足十年的；

（3）连续订立二次固定期限劳动合同，且劳动者没有本法第三十九条和第四十条第一项、第二项规定的情形，续订劳动合同的。

用人单位自用工之日起满一年不与劳动者订立书面劳动合同的，视为用人单位与劳动者已订立无固定期限劳动合同。

律师提醒

签订无固定期限劳动合同是劳动者的权利，尤其在同一个用人单位连续工作十年以上的劳动者，应当更加注意保护自己的合法权益。

07 无固定期限劳动合同能解除吗？解除后有没有经济补偿金？

只要用人单位和劳动者符合《劳动合同法》第三十六条

至第四十一条的规定，无固定期限劳动合同是可以解除的。

如果劳动者想解除无固定期限劳动合同，应当提前30日以书面形式通知用人单位，用人单位不需要支付经济补偿。但如果劳动者因违反法律规定或劳动合同的约定而解除劳动关系，给用人单位造成损失的，应当承担赔偿责任。

《劳动合同法》第四十六条规定，在因用人单位存在过错，劳动者提出解除无固定期限劳动合同的情况下，用人单位应当向劳动者支付经济补偿。另外，如果用人单位以暴力、威胁或者非法限制人身自由的手段强迫劳动的，或者用人单位违章指挥、强令冒险作业危及劳动者人身安全的，劳动者可以立即解除劳动合同，不需事先告知用人单位。用人单位应当向劳动者支付经济补偿。

律师提醒

无固定期限劳动合同并非不能解除。如果是在用人单位存在过错、劳动者提出解除无固定期限劳动合同的情况下，用人单位应当按照法律的相关规定给予相应的经济补偿。

08 哪些情况下，用人单位应当向劳动者支付经济补偿？

根据《劳动合同法》第四十六条的规定，用人单位向劳动者支付解除劳动合同的经济补偿的情形主要有以下几种：

（1）经劳动合同当事人协商一致，由用人单位解除劳动合同的；

（2）劳动者患病或者非因工负伤，在规定的医疗期满后不能从事原工作，也不能从事由用人单位另行安排的工作，而由用人单位解除劳动合同的；

（3）劳动者不能胜任单位安排的工作，经过用人单位培训或者调整工作岗位仍不能胜任工作，由用人单位解除劳动合同的；

（4）劳动合同订立时所依据的客观情况发生重大变化，致使原劳动合同无法履行，经与当事人协商不能就变更劳动合同内容达成协议的，由用人单位解除劳动合同的；

（5）用人单位濒临破产进行法定整顿期间或者生产经营状况发生严重困难，确需裁减人员的，应提前30日向工会或者全体职工说明情况，听取工会或者职工的意见，向劳动行政部门报告后，裁减人员的；

（6）企业转产、技术革新、经营方式调整，经变更劳动合同后，仍需要裁减人员的；

（7）除用人单位维持或者提高劳动合同约定条件续订劳动合同，劳动者不同意续订的情形外，劳动合同期满而终止劳动合同的；

（8）用人单位被依法宣告破产的；

（9）用人单位被吊销营业执照、责令关闭或者用人单位决定提前解散的。

此外，《劳动合同法》第三十八条还规定了在某些特殊情形下劳动者主动解除劳动合同仍然可以要求经济补偿的情形：

（1）用人单位未按照劳动合同约定提供劳动保护或者劳动条件的；

（2）用人单位未及时足额支付劳动报酬的；

（3）用人单位未依法为劳动者缴纳社会保险费的；

（4）用人单位的规章制度违反法律、法规的规定，损害劳动者权益的；

（5）用人单位以欺诈、胁迫的手段或者乘人之危，使劳动者在违背真实意思的情况下订立或者变更劳动合同的；

（6）用人单位以暴力、威胁或者非法限制人身自由的手段强迫劳动者劳动的，或者违章指挥、强令冒险作业危及劳动者人身安全的，劳动者可以立即解除劳动合同而无须事先告知用人单位，并可以要求经济补偿；

（7）法律、行政法规规定的其他情形。

律师提醒

> 一般来说，劳动者主动辞职是不能主张经济补偿的。因此，劳动者在辞职时如果确实是出于自身因素考虑辞职，就应当写明因个人原因辞职。但是，如果是因为用人单位侵害了劳动者的合法权益，则应当申明理由。

09　在什么情况下劳动者可以解除劳动合同？

根据《劳动合同法实施条例》第十八条的规定，劳动者在以下情形中可以解除劳动合同：

（1）劳动者与用人单位协商一致的；

（2）劳动者提前 30 日以书面形式通知用人单位的；

（3）劳动者在试用期内提前 3 日通知用人单位的；

（4）用人单位未按照劳动合同约定提供劳动保护或者劳动条件的；

（5）用人单位未及时足额支付劳动报酬的；

（6）用人单位未依法为劳动者缴纳社会保险费的；

（7）用人单位的规章制度违反法律、法规的规定，损害劳动者权益的；

（8）用人单位以欺诈、胁迫的手段或者乘人之危，使劳动者在违背真实意思的情况下订立或者变更劳动合同的；

（9）用人单位在劳动合同中免除自己的法定责任、排除劳动者权利的；

（10）用人单位违反法律、行政法规强制性规定的；

（11）用人单位以暴力、威胁或者非法限制人身自由的手段强迫劳动者劳动的；

（12）用人单位违章指挥、强令冒险作业危及劳动者人身安全的；

（13）法律、行政法规规定劳动者可以解除劳动合同的其他情形。

律师提醒

即使是劳动者提出解除劳动合同的，只要符合上述第 4 项至第 12 项的情形，用人单位也要支付劳动者经济补偿。

10 用人单位在什么情况下不能解除劳动合同？

根据《劳动合同法》第四十二条的规定，劳动者有下列情形之一的，用人单位不得依照本法第四十条、第四十一条的规定解除劳动合同：

（1）从事接触职业病危害作业的劳动者未进行离岗前职业健康检查，或者疑似职业病病人在诊断或者医学观察期间的；

（2）在本单位患职业病或者因工负伤并被确认丧失或者部分丧失劳动能力的；

（3）患病或者非因工负伤，在规定的医疗期内的；

（4）女职工在孕期、产期、哺乳期的；

（5）在本单位连续工作满十五年，且距法定退休年龄不足五年的；

（6）法律、行政法规规定的其他情形。

律师提醒

在以上几种情况中，用人单位不得依据《劳动合同法》第四十条、第四十一条的规定解除劳动合同，但出现《劳动合同法》第三十九条所规定的情形，用人单位依然享有解除权。

11 用人单位能单方面调岗、降薪吗？

用人单位单方面对劳动者进行调岗、降薪都是变更劳动合同的行为。劳动合同一经签订后，双方当事人就应当按照合同的约定，全面履行各自的义务，任何一方均不得随意变更。如果因客观情况发生变化，需要变更劳动合同的，根据《劳动合同法》第三十五条的规定，双方应当协商一致，并采用书面形式变更劳动合同。因此，变更劳动合同需要遵循双方协商一致的原则，用人单位或者劳动者均不能单方面擅自变更。

不过，法律也规定了在特定情形下，用人单位可以单方面变更劳动合同，根据《劳动合同法》相关规定，这些情况主要有：

（1）劳动者患病或者非因工负伤，在规定的医疗期满后不能从事原工作的，用人单位可以另行安排其他适当的工作；

（2）劳动者不能胜任工作的，用人单位可以安排劳动者培训或者调整工作岗位。

此外，如果劳动合同订立时所依据的客观情况发生重大变化，致使劳动合同无法履行的，用人单位也可以提出变更合同，但需要与劳动者协商一致。

在以上几种情形下，劳动者如果不同意变更劳动合同的，用人单位可以解除合同，但应当依照法律规定支付经济补偿。

如果用人单位单方面强行变更劳动合同，劳动者有权拒绝，并可以申请劳动仲裁，要求单位履行原劳动合同。

律师提醒

劳动者虽然不同意变更合同内容，但在单位的要求下，仍然按照变更后的合同履行的，就被视为劳动者事实上认可了合同的变更。比如，单位要求变更工作岗位，劳动者虽然表示不同意，但仍然到新岗位工作，视为同意合同变更。

12 终止（解除）劳动合同后，用人单位应当为劳动者办理哪些手续和出具哪些证明？

根据《劳动合同法》第五十条、《劳动合同法实施条例》第二十四条的相关规定，劳动者与用人单位终止（解除）劳动关系后，用人单位应当在终止或解除劳动合同之日出具终止（解除）劳动合同的证明，证明中写明劳动合同期限、终止（解除）劳动合同的日期、工作岗位、在本单位的工作年限，并应在 15 日内为劳动者办理档案和社会保险关系转移手续。证明可以作为劳动者享受失业保险待遇和失业登记、求职登记的凭证；在劳动者向新的用人单位求职时，该证明是终止与原单位劳动关系的凭证。用人单位对已经终止的劳动合同文本，应当保存 2 年以上备查。同时，劳动者应当按照双方约定，遵循诚实信用的原则办理工作交接。

律师提醒

终止（解除）劳动合同证明应写明劳动合同期限、终止或解除劳动合同的日期、工作岗位、在本单位的工作年限等重要信息。用人单位也应在 15 日内为劳动者办理档案和社会保险关系转移手续。

13 劳动者提前辞职需要向用人单位支付违约金吗？

用人单位与劳动者可以在劳动合同中约定由劳动者承担违约金的情形，但是，根据《劳动合同法》第二十二条至第二十五条的规定以及《劳动合同法实施条例》第二十六条的规定，约定由劳动者承担违约金仅限于两种情况：

（1）用人单位为劳动者提供专项培训费用，对其进行专业技术培训的，可以与劳动者订立协议，约定服务期，劳动者违反服务期约定的，应当按照约定向用人单位支付违约金。违约金的数额不得超过用人单位提供的培训费用。用人单位要求劳动者支付的违约金不得超过服务期尚未履行部分所应分摊的培训费用。

（2）对负有保密义务的劳动者，用人单位可以与劳动者约定竞业限制条款，劳动者违反竞业限制约定的，应当按照约定向用人单位支付违约金。在约定违约金数额时，用人单位应当考虑劳动者的岗位接触商业秘密的重要程度以及获取成本、劳动者的收入、获得补偿的数额、违约行为可能造成的损害程度、是否可以弥补等多方面因素，合理确定。根据《民法典》第五百八十五条的规定，用人单位要求劳动者支付违反竞业限制约定的违约金的，原则上应当以实际损害为限。

除上述两种情形外，用人单位不得约定劳动者承担违约金的其他情形，即使约定了也是无效的。

律师提醒

如果劳动者是依据《劳动合同法》第三十八条的规定解除劳动合同的，即使违反了服务期的约定，劳动者也不需要承担法律责任。但如果劳动者因个人过错而导致用人单位解除了有服务期约定的劳动合同，劳动者仍然要按照约定向用人单位支付违约金。

14 用人单位没有告知劳动者单位内部的规章制度，能以此来处罚劳动者吗？

根据《劳动合同法》第四条的规定，用人单位在制定涉及劳动者切身利益的规章制度或者重大事项时，应当经职工代表大会或者全体职工讨论，提出方案和意见，与工会或者职工代表平等协商确定；工会或者职工认为不适当的，有权向用人单位提出，通过协商予以修改完善；用人单位应当将直接涉及劳动者切身利益的规章制度和重大事项决定公示，或者告知劳动者。

简单来说，规章制度要合法有效，必须具备三个条件：一是规章制度的内容合法有效；二是需要经过民主程序制定；三是需要告知劳动者。

律师提醒

如果用人单位内部制定的规章制度没有告知过劳动者，却依据该制度处罚或者解雇劳动者，这是无效的，劳动者可以通过调解、仲裁、诉讼来要求撤销单位的处罚或者解雇决定。

15　什么是劳务派遣，劳务派遣用工与劳动合同用工的区别是什么？

劳务派遣是由劳务派遣单位与劳动者订立劳动合同并支付报酬，把劳动者派向其他用工单位，再由用工单位向劳务派遣单位支付一笔服务费用的用工方式。而劳务派遣用工指的就是被派遣的劳动者。

劳务派遣用工与劳动合同用工相比，存在如下区别。

（1）期限不同。

劳务派遣合同的期限比较明确，为2年以上固定期限；而劳动合同分为固定期限劳动合同、无固定期限劳动合同和以完成一定工作任务为期限的劳动合同，其中固定期限的长短可由用人单位和劳动者自由约定。

（2）解除劳动合同不同。

《劳动合同法》第六十五条规定，被派遣劳动者有本法第三十九条和第四十条第一项、第二项规定情形的，用工单位可以将劳动者退回劳务派遣单位，劳务派遣单位依照本法有关规定，可以与劳动者解除劳动合同。

《劳务派遣暂行规定》第十五条规定，被派遣劳动者因本规定第十二条规定被用工单位退回，劳务派遣单位重新派遣时维持或者提高劳动合同约定条件，被派遣劳动者不同意的，劳务派遣单位可以解除劳动合同。

律师提醒

对于劳务派遣的劳动争议仲裁和诉讼，应当将用人单位与用工单位均列为当事人，用工单位违法的要与用人单位一起承担连带责任。

16 什么是超龄农民工？

简单来说，超龄农民工就是超过国家法定退休年龄仍在务工的农民工。我国在法律上并没有“超龄农民工”的概念，“根据《国务院关于工人退休、退职的暂行办法》

以及原劳动和社会保障部《制止和纠正违反国家规定办理企业职工提前退休有关问题的通知》的规定，目前国家法定的企业职工退休年龄是：男年满 60 周岁，女工人年满 50 周岁，女干部年满 55 周岁。从事井下、高温、高空、特别繁重体力劳动或者其他有害身体健康的特殊工种的，退休年龄为男年满 55 周岁，女年满 45 周岁。因病或非因工致残，由医院证明并经过劳动能力鉴定委员会确认完全丧失劳动能力的，退休年龄为男年满 50 周岁，女年满 45 周岁。

2024 年第十四届全国人大常委会第十一次会议通过了《全国人民代表大会常务委员会关于实施渐进式延迟法定退休年龄的决定》（以下简称《决定》），根据《决定》要求，自 2025 年 1 月 1 日起，同步启动延迟男、女职工的法定退休年龄，用 15 年时间，逐步将男职工的法定退休年龄从原 60 周岁延迟至 63 周岁，将女职工的法定退休年龄从原 50 周岁、55 周岁分别延迟至 55 周岁、58 周岁。延迟退休并非一步到位，而是逐步推进：从 2025 年 1 月 1 日起，男职工和原法定退休年龄为 55 周岁的女职工，法定退休年龄每 4 个月延迟 1 个月，分别逐步延迟至 63 周岁和 58 周岁；原法定退休年龄为 50 周岁的女职工，法定退休年龄每 2 个月延迟 1 个月，逐步延迟至 55 周岁。

超过上述法定退休年龄继续工作的农民工，就是超龄农民工。

17 超龄农民工还有工作的权利吗？哪些工作岗位不适合超龄农民工？

《宪法》第四十二条第一款明确规定，中华人民共和国公民有劳动的权利和义务。《劳动法》并没有禁止超龄劳动者工作的规定。因此，超龄农民工当然有工作的权利。

但是随着年龄增大，劳动者的精力、体力等方面会有所下降，从安全和健康角度考虑，有些岗位并不适合超龄农民工。例如，上海市规定，禁止18周岁以下、60周岁以上男性及50周岁以上女性三类人员进入施工现场从事建筑施工作业；同时，禁止55周岁以上男性、45周岁以上女性工人进入施工现场从事井下、高空、高温、特别繁重体力劳动或其他影响身体健康以及危险性、风险性高的特殊工作。江西省南昌市规定，禁止以任何形式招录或使用60周岁以上男性、50周岁以上女性从事建筑施工现场“高空、高危、高风险、重体力”一线作业。

律师提醒

目前我国针对超龄农民工的就业限制，主要集中在建筑施工作业领域。因此，对于超龄农民工来说，可选择从事保洁、保安、仓管等危险性较低的工作。

18 用人单位雇用超龄农民工存在劳动关系吗？超龄农民工能要求用人单位给缴纳社会保险吗？

《劳动合同法实施条例》第二十一条规定，劳动者达到法定退休年龄的，劳动合同终止。《最高人民法院关于审理劳动争议案件适用法律问题的解释（一）》第三十二条第一款规定，用人单位与其招用的已经依法享受养老保险待遇或者领取退休金的人员发生用工争议而提起诉讼的，人民法院应当按劳务关系处理。因此，用人单位雇用超龄农民工，目前来看双方并不存在劳动关系，而只能认定为劳务关系。由于超龄农民工已经超过国家法定退休年龄，因此也无法继续缴纳社会保险。

律师提醒

超龄农民工继续工作的，最好与单位签订劳务协议，明确工作内容、报酬、职业伤害责任保险、劳动保护、福利待遇等权利和义务。双方发生争议后，劳动者可以依据劳务协议维护自身权益。

工作时间与休息
休假篇

19 我国法律对于劳动者的工作时间和休息休假是怎样规定的？

《国务院关于修改〈国务院关于职工工作时间的规定〉的决定》中，确立了职工每日工作 8 小时，每周工作 40 小时的工作时间制度。

根据人力资源社会保障部发布的《法定年节假日等休假相关标准》规定，劳动者的休息休假有以下五种：

（1）休息日。

《劳动法》第三十八条规定，用人单位应当保证劳动者每周至少休息 1 日。按照《国务院关于修改〈国务院关于职工工作时间的规定〉的决定》的相关规定，劳动者工作和休息的时间标准为工作 5 天、休息 2 天。该决定同时规定，国家机关、事业单位实行统一的工作时间，星期六和星期日为周休息日；企业和不能实行国家规定的统一工作时间的事业单位，可以根据实际情况灵活安排周休息日。

（2）法定年节假日。

国务院关于修改《全国年节及纪念日放假办法》的决定，已经在 2024 年 11 月 8 日国务院第 45 次常务会议通过，自 2025 年 1 月 1 日起施行。较之原有规定，增加了 2 天法定节假日，较之前的 11 天，变为 13 天。增加的假期是：春节，放假 4 天（农历除夕、正月初一至初三），除夕为新增假期；劳动节，放假 2 天（5 月 1 日、2 日），5 月 2 日为新增假期。

同时，新增加了关于调休原则的规定："全体公民放假的假日，可合理安排统一放假调休，结合落实带薪年休假等制度，实际形成较长假期。除个别特殊情形外，法定节假日假期前后连续工作一般不超过 6 天。"这一规定遵循了《劳动法》第三十八条关于用人单位应当保证劳动者每周至少休息一日的规定。

全体公民放假的节日共 13 天。元旦，放假 1 天（1 月 1 日）；春节，放假 4 天（农历除夕、正月初一至初三）；清明节，放假 1 天（农历清明当日）；劳动节，放假 2 天（5 月 1 日、2 日）；端午节，放假 1 天（农历端午当日）；中秋节，放假 1 天（农历中秋当日）；国庆节，放假 3 天（10 月 1 日至 3 日）。

（3）年休假。

《劳动法》第四十五条规定，国家实行带薪年休假制度。《职工带薪年休假条例》第二条、第三条明确规定，单位职工连续工作 1 年以上的，享受带薪年休假。职工累计工作已满 1 年不满 10 年的，年休假 5 天；已满 10 年不满 20 年的，年休假 10 天；已满 20 年的，年休假 15 天。国家法定休假日、休息日不计入年休假的假期。

（4）探亲假。

《关于职工探亲待遇的规定》规定了国家机关、人民团体和全民所有制企业、事业单位的职工探亲假标准。根据规定，职工工作满1年，与配偶不住在一起，又不能在公休假日团聚的，可以享受探望配偶的假期待遇（每年1次，假期30天），与父亲、母亲都不住在一起，又不能在公休假日团聚的，可以享受探望父母的假期待遇（未婚职工每年1次，假期20天；已婚职工每4年1次，假期20天）。同时，单位应根据需要给予路程假。探亲假期包括公休假日和法定假日在内。

（5）婚丧假。

按照《国家劳动总局、财政部关于国营企业职工请婚丧假和路程假问题的通知》(〔80〕劳总薪字29号）的规定，国有企业职工本人结婚或职工的直系亲属（父母、配偶和子女）死亡时，可以根据具体情况，由单位酌情给予1—3天的婚丧假。另外可根据路程远近，给予路程假。

律师提醒

根据《劳动法》第五十一条的规定，劳动者在法定休假日和婚丧假期间以及依法参加社会活动期间，用人单位应当依法支付工资。

20 用人单位应当如何支付劳动者加班工资？

《劳动法》第四十四条规定，有下列情形之一的，用人单位应当按照下列标准支付高于劳动者正常工作时间工资的工资报酬：

（1）安排劳动者延长工作时间的，支付不低于工资的150%的工资报酬；

（2）休息日安排劳动者工作又不能安排补休的，支付不低于工资的200%的工资报酬；

（3）法定休假日安排劳动者工作的，支付不低于工资的300%的工资报酬。

计算加班加点工资，要界定“日工资”和“小时工资”的计算方法。根据《关于职工全年月平均工作时间和工资折算问题的通知（2008）》的规定：月计薪天数为21.75天，职工的日工资和小时工资按此进行折算。据此，日工资＝月工资收入÷月计薪天数；小时工资＝月工资收入÷（月计薪天数×8小时）。

律师提醒

要求用人单位支付相应的加班工资是劳动者的

权利，如果用人单位拒绝支付，劳动者可以向劳动监察部门举报或者向劳动仲裁部门申请仲裁。

21 劳动者休息日或法定休假日加班，用人单位可否不支付加班费而给予补休？

依据《劳动法》第四十四条规定，休息日（如周六、周日）安排劳动者加班工作的，应首先安排补休，不能补休时，则应支付劳动者不低于工资的 200% 的工资报酬。补休时间应等同于加班时间。

法定休假日（如劳动节、春节）安排劳动者加班工作的，应支付不低于工资的 300% 的工资报酬，一般不安排补休。

律师提醒

如果用人单位在与劳动者签订的劳动合同或者企业内部的规章制度中规定了法定休假日只给补休，不给 300% 的加班工资，这样的约定或规定是无效的。一旦发生纠纷，用人单位不但要补发工资，还有可能需要支付赔偿金。

22 劳动者拒绝加班，单位能辞退劳动者吗？

《国务院关于职工工作时间的规定》第三条规定，在标准工时制度下，劳动者每日工作时间不超过 8 小时，每周工作时间不超过 40 小时。《劳动法》第四十一条规定，用人单位由于生产经营需要，经与工会和劳动者协商后可以延长工作时间，一般每日不得超过 1 小时；因特殊原因需要延长工作时间的，在保障劳动者身体健康的条件下延长工作时间每日不得超过 3 小时，但是每月不得超过 36 小时。

未经协商，单位不得擅自延长劳动者工作时间。因此，劳动者拒绝延长工作时间，单位若单方强制辞退，劳动者有权申请劳动仲裁，要求恢复工作岗位，继续履行劳动合同，或者要求支付违法解雇的赔偿金。

需要注意的是，一般情况下，用人单位不得随意要求劳动者加班，但在出现紧急事件、危害公共安全和公众利益的情况下，法律允许单位延长员工工作时间。根据《劳动法》第四十二条、《劳动部贯彻〈国务院关于职工工作时间的规定〉的实施办法》第七条、《劳动部关于〈中华人民共和国劳动法〉若干条文的说明》第四十二条规定，在发生以下情形时，单位可以不经过协商，而直接决定延长工作时间：

（1）因发生自然灾害、事故或者其他原因，使人民的健康安全和国家财产遭到严重威胁，需要紧急处理的；

（2）生产设备、交通运输线路、公共设施发生故障，影响生产和公众利益，必须及时抢修的；

（3）必须利用法定节日或公休假日的停产期间进行设备检修、保养的；

（4）为完成国防紧急任务，或者完成上级在国家计划外安排的其他紧急任务，以及商业、供销企业在旺季完成收购、运输、加工农副产品紧急任务的。

律师提醒

非特殊或非紧急情况下，用人单位未按法律规定擅自延长劳动者工作时间是违法的，即使单位的内部规章制度中规定必须每天加班，该规定也是无效的。

23 劳动者患病或非因工负伤的医疗期如何计算？

医疗期是指企业职工因患病或者非因工负伤停止工作

治病休息不得解除劳动合同的时限。根据《企业职工患病或非因工负伤医疗期规定》第三条、第四条的规定，医疗期根据职工实际参加工作年限和在本单位的工作年限，从3个月至24个月不等。

医疗期的具体时间范围为：

实际工作年限	在本单位工作年限	医疗期	累计计算周期
<10年	年限<5年	3个月	6个月内
	年限≥5年	6个月	12个月内
≥10年	年限<5年	6个月	12个月内
	10年>年限≥5年	9个月	15个月内
	15年>年限≥10年	12个月	18个月内
	20年>年限≥15年	18个月	24个月内
≥20年	年限≥20年	24个月	30个月内

劳动者因病或因伤休假，通常每次休养几天或一至两周，不会一次性休很长时间，因此法律规定医疗期是累计计算的，但是，累计计算是有周期限制的。其中：

医疗期为3个月的，按6个月内累计病休时间计算；医疗期6个月的，按12个月内累计病休时间计算；医疗期9个月的，按15个月内累计病休时间计算；医疗期12个月的，按18个月内累计病休时间计算；医疗期18个月的，按24个月内累计病休时间计算；医疗期24个月的，按30个月内累计病休时间计算。

例如，应享受3个月医疗期的职工，如果从2022年3月5日起第一次病休，那么，该职工的医疗期应在3月5日到9月5日之间确定，在此期间累计病休3个月即视为医疗期满。其他依此类推。病休期间，公休、假日和法定节日包括在内。

律师提醒

对某些患特殊疾病（如癌症、精神病、瘫痪等）的职工，在24个月内尚不能痊愈的，经企业和劳动主管部门批准，可以适当延长医疗期。

24 哪些职工可以享受年休假？职工享受年休假的条件是什么？

《职工带薪年休假条例》第二条规定："机关、团体、企业、事业单位、民办非企业单位、有雇工的个体工商户等单位的职工连续工作1年以上的，享受带薪年休假（以下简称年休假）。单位应当保证职工享受年休假。职工在年休假期间享受与正常工作期间相同的工资收入。"因此，只要是符合上述条件的职工，连续工作1年以上的，即可以享受带薪年休假。职工累计工作已满1年不满10年的，年休假5天；已满10年不满20年的，年休假10天；已满20年的，年休假15天。

需要注意的是，根据人力资源和社会保障部办公厅《关于〈企业职工带薪年休假实施办法〉有关问题的复函》（人社厅函〔2009〕149号）第一条的规定，“职工连续工作满12个月以上”，既包括职工在同一用人单位连续工作满12个月以上的情形，也包括职工在不同用人单位连续工作满12个月以上的情形。

律师提醒

国家法定休假日、休息日不计入年休假的假期。另外，年休假天数是根据职工的累计工作时间确定的，因此，职工在不同的用人单位工作，应累计计算工作时间来确定年休假天数。

25 用人单位不安排年休假需要承担哪些法律责任？

根据《职工带薪年休假条例》第七条的规定，用人单位不安排职工休年休假的，应当按照该职工日工资收入的

300% 支付年休假工资报酬。

如果单位既不安排职工休年休假又不向职工支付年休假工资报酬的，由县级以上地方人民政府人事部门或者劳动保障部门依据职权责令限期改正；对逾期不改正的，除责令该单位支付年休假工资报酬外，单位还应当按照年休假工资报酬的数额向职工加付赔偿金；对拒不支付年休假工资报酬、赔偿金的，属于公务员和参照公务员法管理的人员所在单位的，对直接负责的主管人员以及其他直接责任人员依法给予处分；属于其他单位的，由劳动保障部门、人事部门或者职工申请人民法院强制执行。

律师提醒

针对用人单位的违法行为，职工可采取下列维权途径：首先可向用人单位所在地县级以上地方人民政府人事部门或者劳动保障部门进行投诉；投诉没有解决问题的，职工可向用人单位所在地或劳动合同履行地的劳动人事争议仲裁委员会申请劳动仲裁，要求用人单位支付未休年休假工资报酬。

26 用人单位实行不定时工作制，劳动者有加班工资吗？

根据原劳动部发布的《关于企业实行不定时工作制和综合计算工时工作制的审批办法》的规定，企业对符合下列条件之一的职工，可以实行不定时工作制：（1）企业中的高级管理人员、外勤人员、推销人员、部分值班人员和其他因工作无法按标准工作时间衡量的职工；（2）企业中的长途运输人员、出租汽车司机和铁路、港口、仓库的部分装卸人员以及因工作性质特殊，需机动作业的职工；（3）其他因生产特点、工作特殊需要或职责范围的关系，适合实行不定时工作制的职工。根据《劳动法》第三十九条的规定，企业实行不定时工作制的，需要经过劳动行政部门的审批。

《工资支付暂行规定》第十三条规定："用人单位在劳动者完成劳动定额或规定的工作任务后，根据实际需要安排劳动者在法定标准工作时间以外工作的，应按以下标准支付工资……实行不定时工时制度的劳动者，不执行上述规定。"因此，单位实行不定时工作制的，不执行加班工资的规定。不过，根据《劳动部关于职工工作时间有关问题的复函》的要求，对于实行不定时工作制的劳动者，企业应当根据标准工时制度合理确定劳动者的劳动定额或其他考核标准，以便安排劳动者休息。其工资由企业按照本单位的工资制度和工资分配办法，根据劳动者的实际工作时间和完成劳动定额情况计发。对于符合带薪年休假条件的劳动者，企业可安排其享受带薪年休假。

律师提醒

“不定时工作制”指的是工作时间不固定，并非无限制的工作。根据法律规定，实行不定时工作制的职工，企业应采用集中工作、集中休息、轮休调休、弹性工作时间等适当方式，确保职工的休息休假权利。

安全生产与职业病防治篇

27 什么是职业病?

《职业病防治法》第二条规定：职业病是指企业、事业单位和个体经济组织等用人单位的劳动者在职业活动中，因接触粉尘、放射性物质和其他有毒、有害因素等引起的疾病。纳入工伤保险范畴内的职业病是由国家规定的法定职业病。

原国家卫生和计划生育委员会同人力资源社会保障部、国家安全监管总局、全国总工会联合发布了《职业病分类和目录》，共有 10 大类、132 种（含 4 项开放性条款）职业病。这 10 大类分别为：（1）职业性尘肺病及其他呼吸系统疾病；（2）职业性皮肤病；（3）职业性眼病；（4）职业性耳鼻喉口腔疾病；（5）职业性化学中毒；（6）物理因素所致职业病；（7）职业性放射性疾病；（8）职业性传染病；（9）职业性肿瘤；（10）其他职业病。

律师提醒

认定职业病应当具备三个条件：一是患病的主体应当是与企业、事业单位或个体经济组织等用人单位建立劳动关系的劳动者。二是所患疾病必须是在从事职业活动中发生的。三是该疾病必须是因为接触有毒、有害物质引起的。

28 劳动者享有哪些职业卫生权利？

职业卫生权利，亦称劳动保护权，是指劳动者在职业劳动中人身安全和身心健康获得保障，从而免遭职业危害的权利。职业卫生权利的基础是人的生命权和健康权，因而它是最基本人权的体现。

根据《职业病防治法》第四条第一款的规定，劳动者享有职业卫生保护的权利。第三十九条第一款进一步明确了劳动者享有的七项权利：

（1）获得职业卫生教育、培训；

（2）获得职业健康检查、职业病诊疗、康复等职业病防治服务；

（3）了解工作场所产生或者可能产生的职业病危害因素、危害后果和应当采取的职业病防护措施；

（4）要求用人单位提供符合防治职业病要求的职业病防护设施和个人使用的职业病防护用品，改善工作条件；

（5）对违反职业病防治法律、法规以及危及生命健康的行为提出批评、检举和控告；

（6）拒绝违章指挥和强令进行没有职业病防护措施的作业；

（7）参与用人单位职业卫生工作的民主管理，对职业病防治工作提出意见和建议。

律师提醒

用人单位应当保障劳动者行使上述权利。因劳动者依法行使正当权利而降低其工资、福利等待遇或者解除、终止与其订立的劳动合同的，用人单位的行为无效。

29 劳动者如果怀疑自己患了职业病，应该到哪里进行诊断？

劳动者如果怀疑自己患有职业病，可以到经省级卫生行政部门批准、公布的职业病诊断机构进行职业病诊断。到哪个职业病诊断机构进行诊断，劳动者有选择权。《职业病防治法》第四十四条规定：劳动者可以在用人单位所在地、本人户籍所在地或者经常居住地依法承担职业病诊断的医疗卫生机构进行职业病诊断。

律师提醒

关于劳动者的户籍所在地、经常居住地的界定，根据《民法典》第二十五条以及《最高人民法院关于适用〈中华人民共和国民事诉讼法〉的解释》第四条的规定，劳动者户籍所在地是指劳动者在户口登记机关登记的住址。经常居住地是指除住院就医外，离开住所地已连续居住一年以上的地方。

30 用人单位不提供与职业病诊断、鉴定相关的资料时，劳动者该怎么办？

职业病诊断难、鉴定难是当前我国职业病防治工作面临的突出问题，主要是用人单位在职业病诊断、鉴定过程中不依法提供相关资料，导致劳动者无法提出职业病诊断申请。在这种情况下，为使职业病诊断、鉴定工作能够顺利进行，《职业病防治法》第四十八条规定：职业病诊断、鉴定过程中，用人单位不提供工作场所职业病危害因素检测结果等资料的，诊断、鉴定机构应当结合劳动者的临床表现、辅助检查结果和劳动者的职业史、职业病危害接触史，并参考劳动者的自述、卫生行政部门提供的日常监督检查信息等，作出职业病诊断、鉴定结论。

劳动者对用人单位提供的工作场所职业病危害因素检测结果等资料有异议，或者因劳动者的用人单位解散、破产，无用人单位提供上述资料的，诊断、鉴定机构应当提请卫生行政部门进行调查，卫生行政部门应当自接到申请之日起 30 日内对存在异议的资料或者工作场所职业病危害因素情况作出判定；有关部门应当配合。

律师提醒

如果用人单位拒不提供相关资料，诊断、鉴定机构一方面可以进行工作场所调查，也可以由安监部门组织调查。另一方面可以根据相关监管部门提供的情况，根据临床表现，包括劳动者的自述，由诊断、鉴定机构作出诊断、鉴定结论。在用人单位不提供资料的情况下也可以作出诊断。另外，还需要劳动保障部门对劳动关系进行进一步的确认。

31 劳动者如果患上职业病，享有哪些工伤保险待遇？

工伤保险是劳动者在工作中或在规定的特殊情况下，

遭受意外伤害，或患职业病导致暂时或永久丧失劳动能力以及死亡时，劳动者或其遗属从国家和社会获得物质帮助的一种社会保险制度。

按照我国现行管理体制，职业病待遇纳入工伤保险，统一由人力资源社会保障部门管理。根据《工伤保险条例》第三十条至第三十九条的相关规定，工伤待遇包括工伤医疗待遇、辅助器具配置待遇、停工留薪期待遇、工伤伤残待遇等。

律师提醒

职业病诊断、鉴定的费用应由用人单位承担。这些费用一般包括：职业健康检查、必要的诊断和鉴定取证费，如工作场所调查、劳动者体检、实验室检验等费用；诊断、鉴定过程中的一些资料费用，如有关医疗证明材料、劳动关系证明材料等资料费用，诊断、鉴定过程中所必需的交通费，等等。劳动者可以直接要求用人单位承担，也可以在个人垫付后，凭支付证明要求用人单位予以报销。

32 劳动者患上职业病享受工伤保险后，还能要求用人单位赔偿吗？

可以。根据《职业病防治法》第五十八条规定，职业病病人除依法享有工伤保险外，依照有关民事法律，尚有获得赔偿的权利的，有权向用人单位提出赔偿要求。现实生活中，一些职业病病人往往因丧失劳动能力而生活困难，工伤保险所能支付的待遇，难以完全补偿职业病病人因病所受到的损失。在这种情况下，职业病病人除享受工伤保险待遇外，还可以向用人单位提出赔偿要求。提出赔偿的范围以补足劳动者的实际损失为限，受伤害的职工在获得工伤保险补偿后，可以就未获得补偿的部分再向所属用人单位提出民事赔偿主张。用人单位拒绝赔偿的，职业病病人可以向人民法院起诉。

律师提醒

劳动者被诊断患有职业病，但用人单位没有依法参加工伤保险的，其医疗和生活保障由该用人单位承担。

33 工会在安全生产工作中发挥什么作用？

《安全生产法》第七条明确规定："工会依法对安全生产工作进行监督。生产经营单位的工会依法组织职工参加本单位安全生产工作的民主管理和民主监督，维护职工在安全生产方面的合法权益。生产经营单位制定或者修改有关安全生产的规章制度，应当听取工会的意见。"第六十条规定："工会有权对建设项目的安全设施与主体工程同时设计、同时施工、同时投入生产和使用进行监督，提出意见。工会对生产经营单位违反安全生产法律、法规，侵犯从业人员合法权益的行为，有权要求纠正；发现生产经营单位违章指挥、强令冒险作业或者发现事故隐患时，有权提出解决的建议，生产经营单位应当及时研究答复；发现危及从业人员生命安全的情况时，有权向生产经营单位建议组织从业人员撤离危险场所，生产经营单位必须立即作出处理。工会有权依法参加事故调查，向有关部门提出处理意见，并要求追究有关人员的责任。"

根据上述规定，工会在安全生产工作中可以发挥以下作用。

首先，对安全生产进行监督。这表现为：有权对建设项目的安全设施与主体工程同时设计、同时施工、同时投入生产和使用进行监督，提出意见；工会对生产经营单位违反安全生产法律、法规，侵犯从业人员合法权益的行为，有权要求纠正；发现生产经营单位违章指挥、强令冒险作业或者发现事故隐患时，有权提出解决的建议；有权依法参加事故调查，向有关部门提出处理意见。

其次，组织职工参加本单位安全生产民主管理。工会可以通过职工大会、职工代表大会或者其他形式，组织职工群众参加本单位安全生产工作的民主管理和民主监督，可以使职工在安全生产方面的民主管理和民主监督权利得到更充分的保障和更有效的行使。

最后，维护职工在安全生产方面的合法权益。包括：监督生产经营单位落实职工在安全生产方面的知情权；发现危及职工生命安全的情况时，有权建议生产经营单位组织职工撤离危险场所；对侵害职工在安全生产方面的合法权益的问题进行调查，代表职工与生产经营单位进行交涉，要求单位采取措施予以改正，单位拒不改正的，工会可以请求当地人民政府依法处理，等等。

律师提醒

工会是中国共产党领导的职工自愿结合的工人阶级群众组织，是中国共产党联系职工群众的桥梁和纽带，依法维护职工的合法权益。劳动者在安全生产工作中遇到问题，或者合法权益遭到侵犯，可以积极向工会反映情况，得到工会的帮助。

34 工作中发现直接危及人身安全的紧急情况，劳动者该怎么办？

《安全生产法》第五十五条规定：“从业人员发现直接危及人身安全的紧急情况时，有权停止作业或者在采取可能的应急措施后撤离作业场所。生产经营单位不得因从业人员在前款紧急情况下停止作业或者采取紧急撤离措施而降低其工资、福利等待遇或者解除与其订立的劳动合同。”

《劳动法》第五十六条规定，劳动者在劳动过程中必须严格遵守安全操作规程。劳动者对用人单位管理人员违章指挥、强令冒险作业，有权拒绝执行；对危害生命安全和身体健康的行为，有权提出批评、检举和控告。

上述规定赋予了劳动者在直接危及人身安全的情况下有紧急情况处置权。当劳动者在工作中发现有直接危及人身安全的紧急情况的，应当停止作业或者在采取可能的应急措施后撤离作业现场，以保护其人身安全。停止作业、及时撤离不要求劳动者征得有关负责人的同意。而且，劳动者行使紧急撤离权，生产经营单位不得因此降低其工资、福利等待遇或者解除劳动合同。

律师提醒

根据《劳动合同法》第八十八条的规定，如果是因用人单位的违章指挥或者强令冒险作业的行为危及劳动者人身安全的，依法给予行政处罚；构成犯罪的，依法追究刑事责任，对劳动者造成损害的，应当承担赔偿责任。

35　发现用人单位事故隐患或者安全生产违法行为，劳动者该怎么办？

《安全生产法》第五十九条规定：“从业人员发现事故隐患或者其他不安全因素，应当立即向现场安全生产管理人员或者本单位负责人报告；接到报告的人员应当及时予以处理。”第七十四条规定：“任何单位或者个人对事故隐患或者安全生产违法行为，均有权向负有安全生产监督管理职责的部门报告或者举报。”

安全生产与每一位劳动者都息息相关，一旦发现事故隐患或者安全生产违法行为，一定要及时报告或者举报。而且要勇于拒绝违章指挥和冒险作业，保护自己的合法权益，同时还可以向相关部门举报。社会公众和从业人员可以通过网络、微信小程序、电话和信件等多种渠道进行举报。最便捷的举报方式有两个：一是通过安全生产举报投诉特服电话“12350”进行举报；二是搜索微信小程序“应急管理部安全生产举报”或登录应急管理部公众号进行举报。

律师提醒

根据《安全生产领域举报奖励办法》的规定，对举报重大事故隐患、违法生产经营建设的，奖励金额按照行政处罚金额的15%计算，最低奖励3000元，最高不超过30万元。

社会保险篇

36 哪些伤害属于工伤?

根据《工伤保险条例》第十四条的规定，下列情形应当认定为工伤：

（1）在工作时间和工作场所内，因工作原因受到事故伤害的。如农民工在建筑工地上班时被钢材砸伤，或者从高处坠落受伤。

（2）工作时间前后在工作场所内，从事与工作有关的预备性或者收尾性工作受到事故伤害的。如职工在下班后收拾工具或者将材料运回仓库时受伤。

（3）在工作时间和工作场所内，因履行工作职责受到暴力等意外伤害的。这种工伤较为常见的是保安在工作期间被人打伤。

（4）患职业病的。职业病是工伤中的一种特殊类型，但并不是所有在工作中得的病都是职业病，只有符合《职业病分类和目录》规定的，才能认定为职业病，如在工作中接触有毒物质而中毒、因高温而中暑等。

（5）因工外出期间，由于工作原因受到伤害或者发生事故下落不明的。如司机在运输货物过程中遭遇洪水而下落不明的，或者在出差期间遇到海难、地震或其他原因而下落不明的。

（6）在上下班途中，受到非本人主要责任的交通事故或者城市轨道交通、客运轮渡、火车事故伤害的。如下班时发生车祸而受伤。需要注意的是，这种情形下认定工伤，必须是职工不承担事故主要责任的。

（7）法律、行政法规规定应当认定为工伤的其他情形。

除上述几种明确属于工伤的情形外，《工伤保险条例》第十五条还规定了“视同工伤”的几种情况。这里所说的“视同工伤”，是指虽然不符合上述工伤的情形，但是由于职工受伤与工作有紧密联系，或者是为了维护国家利益、社会利益而受伤，因此也按照工伤来处理。

（1）在工作时间和工作岗位，突发疾病死亡或者在48小时之内经抢救无效死亡的。

（2）在抢险救灾等维护国家利益、公共利益活动中受到伤害的。

（3）职工原在军队服役，因战、因公负伤致残，已取得革命伤残军人证，到用人单位后旧伤复发的。

律师提醒

劳动者被认定为工伤后，才能享受工伤保险待遇。因此，如果劳动者在工作中受伤，用人单位却不承认是工伤，这时劳动者应当尽早向相关部门申请认定工伤，否则可能无法享受工伤保险待遇。

37 发生工伤后，谁来申请工伤认定？

根据《工伤保险条例》第十七条的规定，劳动者发生事故伤害或者按照《职业病防治法》规定被诊断、鉴定为职业病的，所在单位应当自事故伤害发生之日或者被诊断、鉴定为职业病之日起 30 日内，向统筹地区社会保险行政部门提出工伤认定申请。遇有特殊情况，经报社会保险行政部门同意，申请时限可以适当延长。

用人单位未在规定的期限内提出工伤认定申请的，受伤害职工或者其近亲属、工会组织在事故伤害发生之日或者被诊断、鉴定为职业病之日起 1 年内，可以直接提出工伤认定申请。工伤认定申请应向用人单位所在地设区的市级社会保险行政部门提出。申请工伤认定是免费的。

律师提醒

如果劳动者发生工伤，用人单位没有为此提出工伤认定申请，劳动者一定要在事故伤害发生之日或者被诊断、鉴定为职业病之日起1年内提出工伤认定申请。用人单位未在规定的时限内提交工伤认定申请，在此期间发生符合《工伤保险条例》规定的工伤待遇等有关费用由该用人单位负担。

38 申请工伤认定，要提供哪些材料？

根据《工伤保险条例》第十八条的规定，申请工伤认定，应提交以下材料：

（1）工伤认定申请表（一式四份，在社会保险行政部门领取）。

（2）与用人单位存在劳动关系（包括事实劳动关系）的证明材料，包括劳动合同或者工资报酬的领取证明、工友同事的书面证明等。

（3）医疗诊断证明书或者职业病诊断证明书（或者职业病诊断鉴定书）。

（4）职工居民身份证（复印件）。

（5）有特殊情形的，还要分别提供相应的证明材料，如职工死亡的，要提交死亡证明等。

律师提醒

认定工伤最重要的材料就是劳动者与用人单位存在劳动关系的证明，以及发生工伤时的证明材料。因此劳动者发生工伤后，要尽快取得这些证据材料。

39 用人单位在外地注册的，发生工伤后应当去哪里申请工伤认定？

根据《人力资源社会保障部关于执行〈工伤保险条例〉若干问题的意见（二）》（人社部发〔2016〕29号）第七条的规定，用人单位注册地与生产经营地不在同一统筹地区的，原则上应在注册地为职工参加工伤保险；未在注册地参加工伤保险的职工，可由用人单位在生产经营地为其参加工伤保险。职工受到事故伤害或者患职业病后，在参保地进行工伤认定、劳动能力鉴定，并按照参保地的规定依法享受工伤保险待遇；未参加工伤保险的职工，应当在生产经营地进行工伤认定、劳动能力鉴定，并按照生产经营地的规定依法由用人单位支付工伤保险待遇。

律师提醒

有工伤保险的，在参保地申请；没有工伤保险的，在生产经营地申请。

40 如果劳动者对劳动行政部门作出的工伤认定结论不服，该怎么办？

劳动行政部门作出工伤认定结论属于劳动行政部门的行政行为。如果劳动者对劳动行政部门作出的不认定为工伤或不视同为工伤的认定结论不服，比如劳动者认为自己的情况属于工伤，可人力资源社会保障部门作出了不予认定工伤的结论，根据《工伤保险条例》第五十五条规定："有下列情形之一的，有关单位或者个人可以依法申请行政复议，也可以依法向人民法院提起行政诉讼：……（二）申请工伤认定的职工或者其近亲属、该职工所在单位对工伤认定结论不服的……"可以由劳动者本人、其近亲属或者所在单位，到当地政府申请行政复议，也可以直接到人民法院提起行政诉讼。

律师提醒

申请行政复议后，如果对行政复议结果仍不服，劳动者还可以到人民法院提起行政诉讼。

41 受伤职工应该在什么时间申请劳动能力鉴定？

依据《工伤保险条例》第二十一条的规定，职工发生工伤，经治疗伤情相对稳定后存在残疾、影响劳动能力的，应当进行劳动能力鉴定。第二十三条规定，劳动能力鉴定由用人单位、工伤职工或者其近亲属向设区的市级劳动能力鉴定委员会提出申请，并提供工伤认定决定和职工工伤医疗的有关资料。职工工伤医疗的有关资料就是受到事故伤害或者患职业病的职工在医院治疗过程中的病历等资料。

《工伤保险条例》第二十五条规定，设区的市级劳动能力鉴定委员会收到劳动能力鉴定申请后，应当从其建立的医疗卫生专家库中随机抽取 3 名或者 5 名相关专家组成专家组，由专家组提出鉴定意见。设区的市级劳动能力鉴定委员会根据专家组的鉴定意见作出工伤职工劳动能力鉴定结论；必要时，可以委托具备资格的医疗机构协助进行有关的诊断。

设区的市级劳动能力鉴定委员会应当自收到劳动能力鉴定申请之日起60日内作出劳动能力鉴定结论，必要时，作出劳动能力鉴定结论的期限可以延长30日。劳动能力鉴定结论应当及时送达申请鉴定的单位和个人。

律师提醒

自劳动能力鉴定结论作出之日起1年后，由工伤职工或者其近亲属、所在单位或者经办机构认为伤残情况发生变化的，可以申请劳动能力复查鉴定。劳动能力鉴定表中有是否安装辅助器具的选项，如果需要安装假肢、假眼、假牙或配置轮椅，一定要选上该项。

42 超龄农民工在工作中受伤能认定为工伤吗？

劳动者超过退休年龄仍然工作的，在工作中受到伤害是否能认定为工伤，《工伤保险条例》并没有明确予以说明。《最高人民法院行政审判庭在关于超过法定退休年龄的进城务工农民因工伤亡的，应否适用〈工伤保险条例〉

请示的答复》中，明确了超过退休年龄的农民工可以被认定为工伤，用人单位聘用的超过法定退休年龄的务工农民，在工作时间内、因工作原因伤亡的，应当适用《工伤保险条例》的有关规定进行工伤认定。同时，最高人民法院行政审判庭在《关于离退休人员与现工作单位之间是否构成劳动关系以及工作时间内受伤是否适用〈工伤保险条例〉问题的答复》也明确提出，根据《工伤保险条例》第二条、第六十一条等有关规定，离退休人员受聘于现工作单位，现工作单位已经为其缴纳了工伤保险费，其在受聘期间因工作受到事故伤害的，应当适用《工伤保险条例》的有关规定处理。

从上述内容来看，超过退休年龄的劳动者在工作中受伤的，也是有可能被认定为工伤的。

律师提醒

在某些地方出台的相关规定中，明确提出用人单位聘用的离退休人员或者超过法定退休年龄的，不予受理工伤认定申请。因此，对于不同省份，要首先查看本地的具体规定。

43 用人单位没有缴纳工伤保险费，劳动者能享受工伤保险待遇吗？

用人单位应当为所有劳动者缴纳工伤保险费，这是《工伤保险条例》第十条的强制性规定，而且保险费只由单位缴纳，个人不承担。

《社会保险法》第四十一条第一款规定："职工所在用人单位未依法缴纳工伤保险费，发生工伤事故的，由用人单位支付工伤保险待遇。用人单位不支付的，从工伤保险基金中先行支付。"

用人单位没有缴纳工伤保险费的，劳动者可以向劳动行政部门举报；劳动者发生工伤后发现没有缴纳工伤保险费的，用人单位应当按照《工伤保险条例》的规定向劳动者支付工伤保险待遇。用人单位拒绝支付或者劳动者对单位支付的数额有异议，劳动者可以向劳动仲裁部门申请仲裁。

律师提醒

如果劳动者发生了工伤，不论用人单位是否缴纳了工伤保险费，都可以享受工伤保险待遇，只是支付主体存在差别。

44 发生工伤后，用人单位能不能解除劳动关系？

根据《劳动合同法》第四十二条第一款第（二）项的规定，在本单位患职业病或者因工负伤并被确认丧失或者部分丧失劳动能力的，用人单位不得依照本法第四十条、第四十一条的规定解除劳动合同。

根据《工伤保险条例》第三十五条、第三十六条、第三十七条的规定，职工因工致残被鉴定为一级至四级伤残的，保留劳动关系，退出工作岗位，享受相应的工伤保险待遇；伤残为五级、六级的，保留劳动关系，由用人单位安排适当工作，难以安排工作的，由用人单位按月发给伤残津贴；伤残为七级至十级的，在符合《劳动合同法》规定情况下可以解除或终止劳动关系。

律师提醒

发生工伤后，用人单位的劳动关系解除权受到比较严格的限制，如果单位单方面提出解除劳动关系，劳动者一定要谨慎对待，积极依法维权。

45 发生工伤后可以“私了”吗？

《最高人民法院关于审理劳动争议案件适用法律问题的解释（一）》第三十五条规定，劳动者与用人单位就解除或者终止劳动合同办理相关手续、支付工资报酬、加班费、经济补偿或者赔偿金等达成的协议，不违反法律、行政法规的强制性规定，且不存在欺诈、胁迫或者乘人之危情形的，应当认定有效。前款协议存在重大误解或者显失公平情形，当事人请求撤销的，人民法院应予支持。

《劳动争议调解仲裁法》第四条规定，发生劳动争议，劳动者可以与用人单位协商。由此可见，发生工伤事故后，劳动者与用人单位对于工伤赔偿等问题可以协商解决，也就是我们所说的“私了”。“私了”的最大好处是方式灵活，时间短，成本低。

但是，工伤“私了”也存在较大风险。一般来说，“私了”解决的工伤案件往往是用人单位没有给劳动者缴纳工伤保险费的。正因为如此，用人单位才愿意以“私了”方式解决。但由于劳动者与用人单位并不是处在平等的地位，在协商过程中难免会遇到不利于劳动者的情形。比如，用人单位提出的赔偿数额与《工伤保险条例》所规定数额相差很多；用人单位要求劳动者必须承担一定的责任；“私了”后劳动者的伤情恶化难以得到后续治疗费用；用人单位以“私了”来逃避安全生产监管；等等。正是由于“私了”存在诸多问题，我们必须慎重对待。

因此，为了维护劳动者合法权益，在工伤“私了”问题上，要特别注意以下三个方面：

（1）劳动者手中的证据不够充分，申请工伤认定需要花费大量的时间和成本时才予以考虑。如果劳动者有充分的证据证明其与用人单位之间的劳动关系以及发生工伤事故的经过，就应当首先进行工伤认定，通过法定途径来获得赔偿。

（2）“私了”不能以牺牲劳动者的合法权益为代价，如果用人单位要求劳动者必须承担一定责任才能“私了”，或者其答应支付的赔偿数额比法定数额低很多，就不应当同意“私了”。

（3）劳动者在与用人单位协商时，应当事先作好充分的准备和评估，比如劳动者伤情能不能达到伤残等级，达到几级，按照当地规定应得到多少赔偿？是否需要后续治疗，治疗费是多少？做到心中有数。

律师提醒

《劳动合同法》第二十六条规定，下列劳动合同无效或者部分无效：（一）以欺诈、胁迫的手段或者乘人之危，使对方在违背真实意思的情况下订立或者变更劳动合同的；（二）用人单位免除自己的法定责任、排除劳动者权利的；（三）违反法律、行政法规强制性规定的。对劳动合同的无效或者部分无效有争议的，由劳动争议仲裁机构或者人民法院确认。《民法典》第一百五十一条规定，一方利用对方处于危困状态、缺乏判断能力等情形，致使民事法律行为成立时显失公平的，受损害方有权请求人民法院或者仲裁机构予以撤销。

如果劳动者在“私了”后发现赔偿数额远低于法定标准，可以根据该规定向法院起诉申请撤销“私了”协议。

46 什么是工伤保险待遇先行支付？符合什么条件才能申请？

工伤保险待遇先行支付，是指如果发生工伤事故，用人单位没有依法缴纳工伤保险费；或者由于第三人的原因造成工伤，第三人不支付工伤医疗费用；或者无法确定第三人等工伤情形，均由工伤保险基金先行支付。先行支付后，社会保险经办机构可向第三人或用人单位进行追偿。

根据《社会保险基金先行支付暂行办法》第四条至第六条的规定，职工发生工伤事故后申请社保基金先行支付的，有以下两种情形。

（1）因第三人造成的工伤。职工发生工伤后其工伤待遇除单位承担部分外，其余均由工伤保险基金支付。但对于第三人造成的伤害，因其工伤系由第三人的行为所致，为此相关费用及待遇应由第三人承担。只有在第三人不支付或找不到第三人的情况下才可以要求工伤基金先行支付。

此种情况下先行支付必须要满足两个条件：一是因第三人侵权行为造成的工伤；二是第三人不支付或无法确定第三人的。

（2）单位未依法为职工缴纳工伤保险费用发生工伤事故，符合下列情形之一的，可以申请工伤基金先行支付：

①用人单位依法被吊销营业执照或者撤销登记、备案的；②用人单位拒绝支付全部或者部分费用的；③依法经仲裁、诉讼后仍不能获得工伤保险待遇，法院出具中止执行文书的；④职工认为用人单位不支付的其他情形。

律师提醒

如果劳动者被确认工伤和伤残级别，并且经过仲裁、诉讼确定了单位应当承担的工伤保险待遇，此时单位却无财产可供执行，劳动者可通过申请先行支付的方式解决工伤待遇无法实现的问题。

47 劳动者在非法用工单位发生事故后，能否得到赔偿？

无营业执照或者未经依法登记、备案的单位以及被依法吊销营业执照或者撤销登记、备案的单位的职工受到事故伤害或者患上职业病的，由该单位向伤残职工或者死亡职工的近亲属给予一次性赔偿，赔偿标准不得低于《工伤保险条例》规定的工伤保险待遇。具体赔偿标准依照《非法用工单位伤亡人员一次性赔偿办法》。

律师提醒

劳动者在寻找工作机会时，一定要增强自我保护意识，首先要核实用人单位是否合法用工，尽可能避免因单位非法用工而造成的维权困境。

48 用人单位应当为劳动者缴纳哪些保险？

根据《社会保险法》第十条、第二十三条、第三十三条、第四十四条和第五十三条的规定，用人单位应当为劳动者缴纳的社会保险有：（1）基本养老保险；（2）基本医疗保险；（3）工伤保险；（4）失业保险；（5）生育保险。其中工伤保险费、生育保险费全部由用人单位缴纳，个人不缴费；基本养老保险费、基本医疗保险费、失业保险费由用人单位和劳动者共同缴纳。

国务院办公厅 2019 年 3 月 6 日发布的《关于全面推进生育保险和职工基本医疗保险合并实施的意见》，从管理层面上实现两项保险合并实施。对于在职职工来说，参加职工医疗保险就同时参加了生育保险。

律师提醒

如果用人单位没有为劳动者缴纳保险费，劳动者可以向劳动保障部门或社保部门投诉。因用人单位未缴纳社会保险而给劳动者造成损失的，劳动者还可以依法要求用人单位予以补偿。

49 如果劳动者不参加社会保险，单位能不能把保险费折算到劳动者的工资里发放？

用人单位给劳动者缴纳社会保险，是法律的强制性规定，不论劳动者想不想参加社会保险，单位都不能把保险费折算到工资里。《社会保险法》第六十条明确规定，职工应当缴纳的社会保险费由用人单位代扣代缴，用人单位应当按月将缴纳社会保险费的明细情况告知本人。《社会保险费征缴暂行条例》第十二条也明确规定，缴费个人应当缴纳的社会保险费，由所在单位从其本人工资中代扣代缴。因此，劳动者的社会保险费应当由单位从劳动者的工资中扣除本人应负担的部分加上单位应缴部分后统一缴纳，而不能折算到工资里。

有些劳动者觉得有没有保险无所谓，还不如现在多给自己发点工资来得实惠。这种做法从表面上看增加了劳动者收入，但实际上不仅使单位逃避了其应当承担的责任，更重要的是对劳动者养老、工伤、医疗等保险待遇权益造成了侵害。比如养老保险，单位要按照个人工资的20%缴费，个人则按工资标准的8%缴费，如果单位不缴纳保险，把保险费折算到工资里，实际上单位多发的只是劳动者应当缴纳的8%。看起来劳动者每个月都多拿到了一些钱，但实际上单位省下的更多。而且，如果不参加养老保险，将来劳动者到退休年龄也领不到退休金，晚年生活缺乏保障。

律师提醒

用人单位将社会保险费通过工资或补贴等任何形式发放给个人，都是虚假提高薪酬、规避为劳动者缴纳社会保险费用的违法行为，侵害了劳动者享受社会保障的合法权益。

50 用人单位拒绝缴纳社会保险，劳动者该怎么办？

《社会保险法》第六十三条规定：用人单位未按时足额缴纳社会保险费的，由社会保险费征收机构责令其限期缴纳或者补足。用人单位逾期仍未缴纳或者补足社会保险费的，社会保险费征收机构可以向银行和其他金融机构查询其存款账户；并可以申请县级以上有关行政部门作出划拨社会保险费的决定，书面通知其开户银行或者其他金融机构划拨社会保险费。用人单位账户余额少于应当缴纳的社会保险费的，社会保险费征收机构可以要求该用人单位提供担保，签订延期缴费协议。用人单位未足额缴纳社会保险费且未提供担保的，社会保险费征收机构可以申请人民法院扣押、查封、拍卖其价值相当于应当缴纳社会保险费的财产，以拍卖所得抵缴社会保险费。用人单位没有为劳动者缴纳社会保险的，劳动者可以向当地的社会保险行政部门举报。

根据《社会保险法》第八十六条的规定，用人单位未按时足额缴纳社会保险费的，由社会保险费征收机构责令限期缴纳或者补足，并自欠缴之日起，按日加收万分之五的滞纳金；逾期仍不缴纳的，由有关行政部门处欠缴数额一倍以上三倍以下的罚款。

律师提醒

用人单位未缴纳社会保险的，劳动者可以携带身份证、劳动合同等证明劳动关系的材料以及银行流水等证明去社会保险费征收机构投诉，要求补缴社会保险；还可以以单位未按照法律规定缴纳社会保险为由解除劳动合同，并要求单位支付经济补偿。

51 劳动者放弃社会保险的承诺书有效吗？

《社会保险法》第四条规定：中华人民共和国境内的用人单位和个人依法缴纳社会保险费。第六十条规定：职工应当缴纳的社会保险费由用人单位代扣代缴。因此，即使劳动者自愿放弃参加社会保险，并签署了放弃缴纳社保费的承诺书，无论用人单位是否将社保费折算到工资里支付给劳动者，该声明都是违反法律规定的，不能作为用人单位和劳动者不缴纳社会保险费的理由。

律师提醒

参加社会保险并依法缴纳社会保险费是用人单位和劳动者的法定义务，不能由用人单位和劳动者通过约定放弃。

52 什么是养老保险？符合什么条件才能领取养老金？

养老保险是国家立法强制实施，当劳动者年老退出劳动领域，失去劳动收入时，为劳动者提供基本生活水平保障的制度。《社会保险法》第十条第一款规定：职工应当参加基本养老保险，由用人单位和职工共同缴纳基本养老保险费。第十一条规定：基本养老保险实行社会统筹与个人账户相结合。基本养老保险基金由用人单位和个人缴费以及政府补贴等组成。对于在职职工来说，养老保险费分为单位缴费和个人缴费两个部分：单位缴费部分划入统筹账户中，个人缴费部分计入个人账户里。

一般来说，参加养老保险的劳动者达到退休年龄办理退休手续后，开始按月享受养老金待遇直至死亡，而领取养老金需要符合以下条件：

（1）劳动者达到法定退休年龄并办理退休手续。根据《国务院关于安置老弱病残干部的暂行办法》第四条和《国务院关于工人退休、退职的暂行办法》第一条的规定，国家法定的企业职工退休年龄是男年满 60 周岁，女年满 50 周岁，连续工龄满 10 年的。从事井下、高温、高空、特别繁重体力劳动或者其他有害身体健康的特殊工种的，退休年龄为男年满 55 周岁，女年满 45 周岁，连续工龄满 10 年的。因病或非因工致残，由医院证明并经过劳动能力鉴定委员会确认完全丧失劳动能力的，退休年龄为男年满 50 周岁，女年满 45 周岁。

2021 年 12 月 30 日，国务院印发《“十四五”国家老龄事业发展和养老服务体系规划》明确提出，实施渐进式延迟法定退休年龄。因此，在未来，退休年龄会有所提高，人力资源社会保障部正在会同相关部门制定延迟退休的具体实施方案。

2024 年 9 月 13 日，第十四届全国人大常委会第十一次会议通过了《全国人民代表大会常务委员会关于实施渐进式延迟法定退休年龄的决定》(以下简称《决定》)，《决定》要求，自 2025 年 1 月 1 日起，同步启动延迟男、女职工的法定退休年龄，用 15 年时间，逐步将男职工的法定退休年龄从原 60 周岁延迟至 63 周岁，将女职工的法定退休年龄从原 50 周岁、55 周岁分别延迟至 55 周岁、58 周岁。同时通过的《国务院关于渐进式延迟法定退休年龄的办法》第一条规定，从 2025 年 1 月 1 日起，男职工和原法定退休年龄为 55 周岁的女职工，法定退休年龄每 4 个月延迟 1 个月，分别逐步延迟至 63 周岁和 58 周岁；原法定退休年龄为 50 周岁的女职工，法定退休年龄每 2 个月延迟 1 个月，逐步延迟至 55 周岁。

（2）累计缴费年限满 15—20 年。《社会保险法》第十六条第一款规定：参加基本养老保险的个人，达到法定退休年龄时累计缴费满十五年的，按月领取基本养老金。《国务院关于渐进式延迟法定退休年龄的办法》第二条规定：从 2030 年 1 月 1 日起，将职工按月领取基本养老金最低缴费年限由 15 年逐步提高至 20 年，每年提高 6 个月。职工达到法定退休年龄但不满最低缴费年限的，可以按照规定通过延长缴费或者一次性缴费的办法达到最低缴费年限，按月领取基本养老金。因此，在 2030 年之前退休的职工，累计缴费年限满 15 年即可；2030 年之后办理退休的职工，则需要满足相应的缴费年限要求。如果参保职工达到法定退休年龄时累计缴费不足 15 年的，可以缴费至满 15 年，按月领取基本养老金；也可以转入新型农村社会养老保险或者城镇居民社会养老保险，按照国家规定享受相应的养老保险待遇。

律师提醒

达到养老保险缴费年限“养老保险缴费满 15 年”是职工办理退休并享受按月领取养老保险的必要条件之一，但并非缴费满 15—20 年就不用再缴了，只要职工处于就业、有收入状态，用人单位和职工就必须按时足额缴纳基本养老保险费。否则参保人必须在补缴养老保险费和依法缴纳滞纳金之后，才能按规定享受养老保险待遇。而且，养老金的多少与缴费年限和缴费基数是直接挂钩的，也就是缴费时间越长、缴费金额越多，将来退休后领取的养老金也就越多。因此，不能认为养老保险缴费满 15 年够年限就不用再缴费了。

53 在不同城市工作并参加养老保险的，缴纳的养老保险费怎么处理？

根据《社会保险法》第十九条规定，职工跨统筹地区就业的，养老保险关系可以随职工本人转移，缴费年限实行累计计算。个人达到法定退休年龄的，基本养老金分段计算、统一支付。达到法定退休年龄时累计缴费不足15年的，根据相关规定处理。目前，在不同城市参加养老保险的处理依据主要是《城镇企业职工基本养老保险关系转移接续暂行办法》。养老保险关系转移接续的具体内容如下：

（1）参保职工跨统筹地区就业转移基本养老保险关系时，保险费的转移方法如下：

① 个人账户储存额：1998年1月1日之前按个人缴费累计本息计算转移，1998年1月1日后按计入个人账户的全部储存额计算转移。

② 统筹基金（单位缴费）：以本人1998年1月1日后各年度实际缴费工资为基数，按12%的总和转移，参保缴费不足1年的，按实际缴费月数计算转移。

（2）参保人员的基本养老保险关系的转移接续手续办理方法如下：

① 参保人员返回户籍所在地（指省、自治区、直辖市）就业参保的，户籍所在地的社保经办机构应为其及时办理转移接续手续。

② 参保人员到其他地区就业参保的，由新参保地的社保经办机构为其办理转移接续手续。但如果男性年满50周岁、女性年满40周岁的，应当在原参保地继续保留基本养老保险关系，同时在新参保地建立临时基本养老保险缴费账户，记录单位和个人全部缴费。参保人员再次跨省流动就业或者在新参保地达到养老保险待遇领取条件时，将临时基本养老保险缴费账户中的全部缴费本息，转移归集到原参保地或待遇领取地。

③ 如果参保人员是经县级以上党委组织部门、人力资源社会保障行政部门批准调动，而且与调入单位建立劳动关系并缴纳基本养老保险费的，不受上述男年满50周岁、女年满40周岁的年龄限制，应当在调入地及时办理基本养老保险关系转移接续手续。

（3）跨地区流动就业的参保人员，达到养老金的领取条件时，其待遇领取地按如下确定：

① 基本养老保险关系在户籍所在地的，由户籍所在地负责办理待遇领取手续，享受基本养老保险待遇。

② 基本养老保险关系不在户籍所在地，而在其基本养老保险关系所在地累计缴费年限满 10 年的，在该地办理待遇领取手续，享受当地基本养老保险待遇。

③ 基本养老保险关系不在户籍所在地，且在其基本养老保险关系所在地累计缴费年限不满 10 年的，将其基本养老保险关系转回上一个缴费年限满 10 年的原参保地办理待遇领取手续，享受基本养老保险待遇。

④ 基本养老保险关系不在户籍所在地，且在每个参保地的累计缴费年限均不满 10 年的，将其基本养老保险关系及相应资金归集到户籍所在地，由户籍所在地按规定办理待遇领取手续，享受基本养老保险待遇。

由于 2024 年 9 月 13 日全国人大常委会已经通过《全国人民代表大会常务委员会关于实施渐进式延迟法定退休年龄的决定》，因此《城镇企业职工基本养老保险关系转移接续暂行办法》也将随之进行调整。

律师提醒

劳动者从打工的城市返乡后没有继续缴纳养老保险费的，由原参保地社保经办机构保留其基本养老保险关系，保存其全部参保缴费记录及个人账户，个人账户储存额继续按规定计息。劳动者返回城镇就业并继续参保缴费的，无论其回到原参保地就业还是到其他城镇就业，均按前述规定累计计算其缴费年限，合并计算其个人账户储存额，符合待遇领取条件的，与城镇职工同样享受基本养老保险待遇；劳动者不再返回城镇就业的，其在城镇参保的缴费记录及个人账户全部有效，并根据劳动者的实际情况，或在其达到规定领取条件时享受城镇职工基本养老保险待遇，或转入新型农村社会养老保险。

54 农民工能不能加入医疗保险这个“大家庭”？

在外工作，最怕的是生病，特别是生大病。农村进城务工人员如果生了较严重的疾病，仅靠新型农村合作医疗保险远远不够，难以承担在城市的医疗费用。如果劳动者在某用人单位工作，和这个单位形成了劳动关系，用人单位有义务为其提供医疗保险费用缴纳保障。

按照目前我国的情况，进城务工的农民工有权参加基本医疗保险，按规定缴纳医疗保险费，享受相应的基本医疗保险待遇。但具体如何参保，要根据不同的情况来定。

如果有就业单位、签订劳动合同并与企业建立稳定劳动关系的农村进城务工人员，根据《社会保险法》第二十三条第一款的规定，应该纳入城镇职工基本医疗保险制度，由用人单位和务工人员共同缴纳保险费用。其他农村进城务工人员根据自身的实际情况，可以以灵活就业人员的身份参加职工医疗保险，也可以参加户籍所在地的新型农村合作医疗或务工所在地的城乡居民基本医疗保险。

律师提醒

无雇工的个体工商户、未在用人单位参加职工基本医疗保险的非全日制从业人员以及其他灵活就业人员可以参加职工基本医疗保险，由个人按照国家规定缴纳基本医疗保险费。

55 什么是城乡居民基本医疗保险制度？

2016 年 1 月，国务院发布了《国务院关于整合城乡居民基本医疗保险制度的意见》，将原来的新型农村合作医疗和城镇居民医保整合为“城乡居民基本医疗保险”。城乡居民基本医疗保险制度是国家的重要惠民举措，是由政府拿大头、居民拿小头共同出资构建的医疗保障项目。人吃五谷杂粮，难免会生病，对于普通家庭来说，重大疾病是难以承受的负担，城乡居民基本医疗保险就是集合社会之力应对重大疾患的重负，防止家庭因病返贫。

参保居民按参保年度和政策规定享受医保待遇，包括普通门诊、“两病”门诊用药、慢性病特殊病门诊、普通疾病住院、生育分娩医疗费用、“双通道”药品、大病保险等医疗保障待遇。2024 年 8 月，国家医保局等三部门联合印发的《关于做好 2024 年城乡居民基本医疗保障有关工作的通知》规定：2024 年，居民医保财政补助和个人缴费标准分别较上年增加 30 元和 20 元，达到每人每年不低于 670 元和 400 元。

律师提醒

俗话说：“不怕穷，就怕病。”一个家庭有一人得了大病，就可能拖累全家，对生产生活造成严重影响。居民参加城乡居民基本医保，首先是个人得益。其次，城乡居民基本医保由政府扶持，政府支持的资金往往超过居民个人的出资，如果不参加，就无法享受政府提供的服务。

56 进城务工人员原有的城乡居民基本医疗保险怎么办？

国家医保局办公室、财政部办公厅于2021年11月印发的《基本医疗保险关系转移接续暂行办法》第五条规定：参保人员跨统筹地区流动，不得重复参保和重复享受待遇，按规定办理基本医疗保险关系转移接续。有单位的职工医保参保人员可由单位为其申请办理，灵活就业人员及居民等参保人员由个人申请办理。职工医保和居民医保跨制度转移接续。职工医保参保人员跨统筹地区流动，转出地已中止参保，在转入地按规定参加居民医保的，可申请转移接续。居民医保参保人员跨统筹地区流动，转出地已中止参保，在转入地按规定参加职工医保的，可申请转移接续。

第六条规定，参保人员或用人单位提交基本医疗保险关系转移申请，可通过全国统一的医保信息平台直接提交申请，也可通过线下方式在转入地或转出地经办机构窗口申请。

律师提醒

农村户籍人员在城镇单位就业并有稳定劳动关系的，应当首选参加城镇职工医疗保险，其原先参加的城乡居民基本医疗保险可以按当地规定退出；如果农民工将来返回老家，还可以将职工医保转入当地，参加城乡居民基本医疗保险。

57 劳动者参加失业保险后可以享受哪些失业保险待遇？

失业保险和养老保险、医疗保险、工伤保险都是强制性的社会保险，用人单位和职工都必须参加。根据《社会保险法》第四十五条规定，失业人员具备以下三项条件的，可以领取失业保险金：

（1）失业前用人单位和本人已经缴纳失业保险费满一年的。

（2）非因本人意愿中断就业的。

（3）已经进行失业登记，并有求职要求的。

失业保险金的领取期限，根据《社会保险法》第四十六条的规定，失业人员失业前用人单位和本人累计缴费满1年不足5年的，领取失业保险金的期限最长为12个月；累计缴费满5年不足10年的，领取失业保险金的期限最长为18个月；累计缴费10年以上的，领取失业保险金的期限最长为24个月。重新就业后，再次失业的，缴费时间重新计算，领取失业保险金的期限与前次失业应当领取而尚未领取的失业保险金的期限合并计算，最长不超过24个月。

失业保险金的标准，根据《社会保险法》第四十七条的规定，由省、自治区、直辖市人民政府确定，不得低于城市居民最低生活保障标准。

律师提醒

根据《实施〈中华人民共和国社会保险法〉若干规定》第十三条第五项的规定，劳动者本人依照《劳动合同法》第三十八条规定主动辞职的，仍然属于“非因本人意愿中断就业”的情形，劳动者有权领取失业保险待遇。

58 劳动者出国务工应当注意哪些问题？

近年来，以提供出国务工的机会为名进行诈骗的案例逐渐增多，比如，有在国外注册的公司回国招聘员工，并借招聘大肆收取“中介费”，而当国内员工持旅游签证前往后才知上当；有的“黑中介”以旅游签证的名义将务工人员送到国外后，再由勾结的国外企业以技术不过关为由解雇，或者以旅游签证将务工人员带到国外就不管了，任凭其滞留他国。

打算出国务工的劳动者，应该注意以下几个方面的问题：

（1）要选择正规的出国中介公司。《对外劳务合作管理条例》第五条明确规定：从事对外劳务合作，应当按照省、自治区、直辖市人民政府的规定，经省级或者设区的市级人民政府商务主管部门批准，取得对外劳务合作经营资格。正规的出国中介企业必须具备商务部门颁发的“对外劳务合作经营许可证”，取得该经营许可证后，政府每年还要年审，中介企业需向政府交纳备案保证金。由于门槛较高，正规的有出国劳务资质的企业其实并不多，务工人员可以在商务部和当地政府的网站上查到相关信息。如果没有相关资质却对外宣称可以介绍到国外打工的，这种

“黑中介”要小心防范，以免钱财被骗，甚至孤身被滞留国外。

（2）要做好出国务工准备。出国务工前都会有语言培训，无论是从事劳动密集的产业还是从事技术工种，到国外工作都要求能够简单交流，因此出国人员需要进行语言培训。

（3）出国务工前要了解清楚出国务工的相关情况。比如要去的国家和地区、外国雇主的名称、出去后自己的具体工作、多久回国一次、每周的工作时间、加班费如何计算、工资是按月还是按周发放、是发人民币还是当地货币等，都要问得详细明白。还要了解即将去打工国家的习俗、风土人情和生活习惯。

（4）要注意出国务工一定要取得工作签证。《对外劳务合作管理条例》第八条第二款规定：任何单位和个人不得以商务、旅游、留学等名义组织劳务人员赴国外工作。出国签证有旅游签证、商务签证、留学签证、工作签证等，出国务工必须有工作签证，否则拿着旅游签证或者商务签证等非工作签证打工的，可能会面临坐牢、罚款以及被遣返的后果。

劳动争议处理篇

59 什么是劳动争议？劳动者与用人单位发生劳动争议后有哪些解决途径？

劳动争议又称劳动纠纷，是指劳动关系当事人之间因劳动法律法规规定的权利和义务产生分歧而引起的纷争。根据《劳动争议调解仲裁法》第四条、第五条的规定，在劳动者与用人单位发生劳动争议后，可以采取以下途径予以解决：

（1）协商解决。发生劳动争议后，劳动者可以与用人单位协商，也可以请工会或者第三方共同与用人单位协商，达成和解协议。

（2）请求相关机构调解解决。若用人单位不愿协商、协商不成或者达成和解协议后不履行的，劳动者可以向调解组织申请调解。

（3）到劳动争议仲裁委员会申请仲裁。用人单位不愿调解、调解不成或者达成调解协议后不履行的，劳动者可以向劳动争议仲裁委员会申请仲裁。

（4）向人民法院提起诉讼。对仲裁裁决不服的，劳动争议双方均可向人民法院提起诉讼。另外，根据《最高人民法院关于审理劳动争议案件适用法律问题的解释（一）》第十五条规定，劳动者以用人单位的工资欠条为证据直接提起诉讼，诉讼请求不涉及劳动关系其他争议的，视为拖欠劳动报酬争议，也可以不经过劳动仲裁程序直接去法院起诉，人民法院按照普通民事纠纷受理。

在此需要注意一点，《劳动争议调解仲裁法》第四十七条明确规定了两种情况为一裁终局：一是追索劳动报酬、工伤医疗费、经济补偿或者赔偿金，不超过当地月最低工资标准十二个月金额的争议；二是因执行国家的劳动标准在工作时间、休息休假、社会保险等方面发生的争议。对于终局裁决，如果用人单位不服的，可以向有管辖权的中级人民法院依法提出撤销仲裁裁决的诉讼。如果劳动者对此裁决不服的，可以向基层人民法院提起诉讼。

律师提醒

虽然我国法律规定解决劳动争议的途径很多，但还是要提醒劳动争议双方注意以下几点：（1）协商和劳动争议仲裁前的调解并不是劳动争议解决的必经途径。（2）劳动争议仲裁是提起劳动争议诉讼的前置程序。一般情况下，对未经仲裁的案件，法院不予受理。

60 发生劳动争议，劳动者可以到哪些调解组织申请调解？

《劳动争议调解仲裁法》第十条规定，发生劳动争议，当事人可以到下列调解组织申请调解：

（1）企业劳动争议调解委员会；

（2）依法设立的基层人民调解组织；

（3）在乡镇、街道设立的具有劳动争议调解职能的组织。

企业劳动争议调解委员会由职工代表和企业代表组成。职工代表由工会成员担任或者由全体职工推举产生，企业代表由企业负责人指定。企业劳动争议调解委员会主任由工会成员或者双方推举的人员担任。

《劳动争议调解仲裁法》第十二条规定：当事人申请劳动争议调解可以书面申请，也可以口头申请。口头申请的，调解组织应当当场记录申请人基本情况、申请调解的争议事项、理由和时间。

律师提醒

达成调解协议后，一方当事人在协议约定期限内不履行调解协议的，另一方当事人可以依法申请仲裁。

61 劳动者和用人单位发生劳动争议后，应该到哪个劳动争议仲裁委员会提出申请？

根据《劳动争议调解仲裁法》第二十一条第二款的规定，劳动争议由劳动合同履行地或者用人单位所在地的劳动争议仲裁委员会管辖。双方当事人分别向劳动合同履行地和用人单位所在地的劳动争议仲裁委员会申请仲裁的，由劳动合同履行地的劳动争议仲裁委员会管辖。

劳动合同履行地通常是指劳动者提供劳动所在地，用人单位所在地则是指用人单位的注册地。如果出现不一致的情况，申请仲裁时，优先选择劳动合同履行地。如果劳动者的工作地点不固定，比如负责产品维修的员工，或者经常被派往各地超市的促销员，这种情况下申请仲裁时最好到用人单位所在地。

劳动争议仲裁委员会在收到仲裁申请之日起 5 日内，符合受理条件的申请，应当受理，并通知申请人；对不符合受理条件的申请，应当书面通知申请人不予受理，并说明理由。对劳动争议仲裁委员会不予受理或者逾期没有作出决定的，申请人可以直接向人民法院提起诉讼。

律师提醒

根据《劳动争议调解仲裁法》的规定，劳动争议仲裁是不收费的。

62 劳动者和用人单位发生劳动争议后，应在多长时间内申请仲裁？

《劳动争议调解仲裁法》第二十七条第一款规定：劳动争议申请仲裁的时效期间为 1 年。仲裁时效期间从当事人知道或者应当知道其权利被侵害之日起计算。如果在 1 年的时效期间里，劳动者曾向用人单位主张过权利的，或者向有关部门请求过权利救济的，再或者单位同意履行义务的，有以上任何一种情形发生，仲裁时效就中断了，从中断时起，仲裁时效期间会重新计算。比如，劳动者被单位解雇之后，没有给予工资和补偿，从被解雇之日起开始计算仲裁时效，3 个月后，劳动者首先向劳动监察部门投诉，那么仲裁时效就从投诉之日起中断，又重新起算，此前的 3 个月不计算在内。

如果有不可抗力或者其他正当理由，不能在上述规定的仲裁时效期间申请仲裁的，仲裁时效中止。从中止时效的原因消除之日起，仲裁时效的期间重新计算。

律师提醒

劳动者知道或者应当知道其权利被侵害之日，是指有证据表明劳动者知道自己的权利被侵害的日期，或者根据一般规律推定劳动者知道自己的权利被侵害的日期，即劳动争议发生之日。

63 哪些劳动争议案件可以提起先予执行申请？

《劳动争议调解仲裁法》第四十四条规定：仲裁庭对追索劳动报酬、工伤医疗费、经济补偿或者赔偿金的案件，根据当事人的申请，可以裁决先予执行，移送人民法院执行。

仲裁庭裁决先予执行的，应当符合下列条件：

（1）当事人之间权利义务关系明确。

（2）不先予执行将严重影响申请人的生活。

律师提醒

劳动者申请先予执行的，可以不提供担保。

64 劳动争议案件仲裁裁决是否一旦作出就生效？

劳动争议案件通常是“先裁后审”。也就是说，劳动者和单位如果对仲裁裁决不服，还可以起诉到人民法院。因此，仲裁裁决作出后，除非劳动者和单位双方都不起诉，才能生效。

根据《劳动争议调解仲裁法》第四十七条的规定，有两类劳动争议案件是终局裁决的，此两类案件裁决作出后用人单位不享有到法院起诉的权利：

（1）追索劳动报酬、工伤医疗费、经济补偿或者赔偿金，不超过当地月最低工资标准 12 个月金额的争议。

（2）因执行国家的劳动标准在工作时间、休息休假、社会保险等方面发生的争议。

律师提醒

即使是终局裁决的案件，劳动者如果对裁决不服，仍然有权向法院提起诉讼；如果用人单位不服的，只有在特定情形下才能向仲裁委员会所在地的中级人民法院申请撤销裁决，裁决被撤销后，劳动者和用人单位都可以就该劳动争议事项向人民法院提起诉讼。

65 劳动者对仲裁裁决不服应该怎么办？

劳动争议当事人对非终局仲裁裁决不服的，可以自收到仲裁裁决书之日起 15 日内向人民法院提起诉讼。期满不起诉的，裁决书即发生法律效力。一方当事人在法定期限内不起诉又不履行仲裁裁决的，另一方当事人可以申请人民法院强制执行。

律师提醒

对仲裁裁决不服的，劳动者和用人单位双方都可以提起诉讼。如果劳动者和用人单位均未提起诉讼的，劳动者要在 15 日期满后及时要求用人单位支付相关赔偿；用人单位拒不履行的，根据《民事诉讼法》第二百三十一条的规定，劳动者应当向用人单位住所地或者被执行的财产所在地人民法院申请强制执行。

66 劳动者在什么情况下可以申请法律援助?

《法律援助法》第二条规定：法律援助，是国家建立的为经济困难公民和符合法定条件的其他当事人无偿提供法律咨询、代理、刑事辩护等法律服务的制度，是公共法律服务体系的组成部分。

《法律援助法》第三十一条规定了因经济困难可以申请法律援助的事项范围，主要包括：依法请求国家赔偿；请求给予社会保险待遇或者社会救助；请求发给抚恤金；请求给付赡养费、抚养费、扶养费；请求确认劳动关系或者支付劳动报酬；请求认定公民无民事行为能力或者限制民事行为能力；请求工伤事故、交通事故、食品药品安全事故、医疗事故人身损害赔偿；请求环境污染、生态破坏损害赔偿；以及法律、法规、规章规定的其他情形。

根据《法律援助法》第三十二条的规定，英雄烈士近亲属为维护英雄烈士的人格权益，因见义勇为行为主张相关民事权益，再审改判无罪请求国家赔偿，遭受虐待、遗弃或者家庭暴力的受害人主张相关权益，以及法律、法规、规章规定的其他情形的，当事人申请法律援助的，则不受经济困难条件的限制。

律师提醒

“12348”是全国统一法律援助中心咨询电话，劳动者遇到法律问题都可以拨打这个电话，符合法律援助条件的，还可以申请免费的法律服务。

67 发生纠纷后，劳动者应该到哪里申请法律援助？申请法律援助需要提交哪些材料？

根据《法律援助法》第十二条规定：“县级以上人民政府司法行政部门应当设立法律援助机构。法律援助机构负责组织实施法律援助工作……”因此，申请法律援助可以到县（区）法律援助机构。此外，《法律援助法》第八条规定：“国家鼓励和支持群团组织、事业单位、社会组织在司法行政部门指导下，依法提供法律援助。”因此，申请人还可以根据申请的事项到工会、共青团、妇联、残联等群团组织，以及高校和社会组织等去申请法律援助。

根据修订后的《办理法律援助案件程序规定》，因经济困难申请法律援助的，申请人应当提交的材料包括：

（1）法律援助申请表；（2）居民身份证或者其他有效身份证明，代他人申请的还应当提交有代理权的证明；（3）经济困难状况说明表，如有能够说明经济状况的证件或者证明材料，可以一并提供；（4）与所申请法律援助事项有关的其他材料。

律师提醒

每个区县都有法律援助机构，申请人具体到哪个机构申请呢？一般来说是依据案件的管辖确定，也就是案件归哪个法院审理，就到该法院相对应的法律援助机构去申请。如果不确定案件的管辖法院，也可以先拨打“12348”或者“12351”工会服务职工热线咨询律师。

68 在哪些情形下可以终止法律援助？

根据《法律援助法》第四十八条的规定，出现下列情形之一的，法律援助机构应当作出终止法律援助的决定：

（1）受援人以欺骗或者其他不正当手段获得法律援助；（2）受援人故意隐瞒与案件有关的重要事实或者提

供虚假证据；（3）受援人利用法律援助从事违法活动；（4）受援人的经济状况发生变化，不再符合法律援助条件；（5）案件终止审理或者已经被撤销；（6）受援人自行委托律师或者其他代理人；（7）受援人有正当理由要求终止法律援助；（8）法律法规规定的其他情形。

根据《办理法律援助案件程序规定》第三十九条的规定，法律援助机构决定终止法律援助的，应当制作终止法律援助决定书，并于三日内，发送受援人、通知法律援助人员所属单位并函告办案机关。

律师提醒

如果申请人、受援人对法律援助机构终止法律援助的决定不服的，可以向设立该法律援助机构的司法行政部门提出异议。司法行政部门应当自收到异议之日起5日内进行审查，作出维持或者改正的决定。如果申请人、受援人对司法行政部门维持终止法律援助的决定仍然不服的，可以依法申请行政复议或者提起行政诉讼。

69　什么是工会职工法律援助？哪些情形可以向工会申请法律援助？

工会实施职工法律援助，是指工会组织根据《工会法》《劳动合同法》《法律援助法》《中国工会章程》和《工会法律援助办法》等法律法规政策文件，为保证职工、工会工作者的各项法定权利在现实生活中得以实现，对需要通过法律手段维护自身合法权益，但因经济困难无力支付法律服务费或有其他特殊情形的职工，权益受到侵害的工会工作者，由工会及其法律援助机构依法为他们提供诉讼或非诉讼的无偿法律服务，使其合法权益免受非法侵害，保障其合法权益得以实现的工作机制。

工会法律援助的范围主要包括：（1）劳动争议案件；（2）劳动权益涉及的职工人身权、民主权、财产权受到侵犯的案件；（3）工会工作者因履行职责合法权益受到侵犯的案件；（4）工会认为需要提供法律援助的其他事项。

律师提醒

目前，劳动关系日趋复杂，侵犯职工权益特别是困难职工、农民工合法权益的劳动争议数量增加，这些职工对法律、法规不太熟悉，又没有能力聘请律师。工会法律援助机构通过提供法律咨询，参与劳动争议协商、调解，代理劳动争议仲裁和诉讼等法律手段，在化解劳动关系矛盾，维护职工合法权益，促进劳动关系和谐与社会稳定中发挥了积极、重要的作用，成为政府法律援助的重要补充。

70　工会可以参与处理哪些劳动争议？

《中国工会章程》规定：“中国工会的基本职责是维护职工合法权益、竭诚服务职工群众。”《劳动法》规定：“工会代表和维护劳动者的合法权益，依法独立自主地开展活动。”修订后的《工会法》第六条规定：“维护职工合法权益、竭诚服务职工群众是工会的基本职责。”这些法律规定都确定了维护职工合法权益是工会的基本职责，同时进一步明确了工会代表和维护职工合法权益的法律地位。作为工会的日常工作来说，其代表和维护职工合法权益的一个重要方面就是参与用人单位劳动争议处理工作。

根据全国总工会印发的《工会参与劳动争议处理办法》，工会参与处理的劳动争议有下列几种类型：

（1）因确认劳动关系发生的争议；（2）因订立、履行、变更、解除和终止劳动合同发生的争议；（3）因订立或履行集体合同发生的争议；（4）因工作时间、休息休假、社会保险、福利、培训以及劳动保护、女职工和未成年工、残疾职工等特殊劳动保护发生的争议；（5）因劳动报酬、工伤保险待遇、经济补偿或者赔偿金等发生的争议；（6）法律、法规规定的其他劳动争议。

律师提醒

工会参与预防劳动争议，可以督促用人单位依法用工，与用人单位共建劳动风险管理制度，进而多层次、全方位地维护劳动者合法权益。

71　工会怎样参与劳动争议调解？

《工会参与劳动争议处理办法》第十二条规定："工会应当积极参与劳动争议多元化解机制建设，充分发挥工会在调解工作中的职能作用，推动构建党委领导、政府负责、人力资源社会保障部门牵头、工会等有关部门参与、司法保障、科技支撑的劳动争议多元化解工作格局。"根据《劳动法》《劳动争议调解仲裁法》以及《工会参与劳动争议处理办法》的相关规定，工会参与劳动争议调解主要有三种途径：

一是在劳动者个案中进行调解，并对调解达成调解协议的，引导和督促当事人主动履行调解协议；依照法律规定可以申请仲裁审查或者司法确认的，工会还可以引导当事人依法提出申请。

二是在企业劳动争议调解委员会开展劳动争议调解工作。企业劳动争议调解委员会由劳动者代表和企业代表组成，劳动者代表由工会委员会成员担任或者由全体劳动者推举产生，委员会的办事机构可以设在企业工会委员会。企业劳动争议调解委员会的职责包括：对本企业发生的劳动争议进行调解；监督和推动和解协议、调解协议的履行；参与协调履行劳动合同、集体合同、执行企业劳动规章制度等方面出现的问题；等等。

三是根据《劳动争议调解仲裁法》的规定，地方工会可以在乡镇、街道设立具有劳动争议调解职能的组织，并赋予其基层人民调解组织调解劳动争议的职能。这一规定拓展了工会参与劳动争议调解的舞台和发挥作用的空间，工会可以突破企业劳动争议调解中企业工会所受的限制，积极参与区域性行业性劳动争议调解工作，切实维护劳动者合法权益。

律师提醒

工会参与劳动争议调解既可以在用人单位内部进行，也可以在乡镇、街道、开发区、工业园区、社区等层面进行，职工的劳动权益被侵害的，可以首先选择找工会调解。

72 工会怎样参与劳动争议诉讼？

根据《工会参与劳动争议处理办法》的规定，工会在劳动争议诉讼中主要履行下列职责：（1）支持帮助职工当事人起诉；（2）接受职工当事人委托，指派或者委派诉讼代理人；（3）推动生效法律文书的诚信履行；（4）代表劳动者参加集体合同争议诉讼。

依法设立的工会法律服务机构可以接受职工的委托，指派或者委派诉讼代理人，代理其参加劳动争议诉讼活动。依法设立的工会法律服务机构指派或者委派的诉讼代理人代理职工参与诉讼，主要有以下方式：（1）为职工当事人提供法律咨询，代写起诉状、上诉状、申诉状等法律文书；（2）在诉讼过程中为职工当事人代写应诉相关文本；（3）调查案件有关事实，搜集对职工当事人有利的证据；（4）代理职工当事人参加法院组织的立案前或者诉讼中调解，提出有利于职工当事人的调解意见和主张，促成双方当事人和解；（5）代理职工当事人出庭应诉；（6）为职工当事人实施法律法规规定或者当事人授权的其他代理行为。

律师提醒

工会参与劳动争议诉讼，主要是通过支持职工起诉或者接受职工委托、代理其参加劳动争议案件的形式。职工向人民法院提起诉讼，工会可以给予帮助和支持，但不能代替职工提起诉讼。

民事诉讼时效及特别程序表

时效类别	法律规定	期间
一般诉讼时效	除法律另有规定外，一般情况下向人民法院请求保护民事权利的诉讼时效期间	3年（诉讼时效期间自权利人知道或者应当知道权利受到损害以及义务人之日起计算）
最长诉讼时效	从权利受到损害之日起超过20年，人民法院不予保护；有特殊情况的，人民法院可以根据权利人的申请决定延长	20年

续 表

时效类别	法律规定	期间
不适用诉讼时效的情形	请求停止侵害、排除妨碍、消除危险；不动产物权和登记的动产物权的权利人请求返还财产；请求支付抚养费、赡养费或者扶养费；依法不适用诉讼时效的其他请求权	无

建会入会篇

73 加入工会的一般程序是什么？

《中国工会章程》第二条规定：职工加入工会，由本人自愿申请，经基层工会委员会批准并发给会员证。

职工加入工会的具体程序如下：（1）本人自愿申请。由申请入会的职工通过口头或书面形式，或者通过互联网等渠道提出申请，填写《中华全国总工会入会申请书》和《工会会员登记表》，报基层工会委员会。（2）基层工会委员会批准并发给会员证。基层工会委员会接到职工入会申请书后，应当及时召开会议，研究审查接纳职工入会的事项。主要内容有：①申请人是否符合入会条件；②申请人是否自愿；③是否符合入会手续。凡申请人符合条件和入会手续合格的应当批准。批准后发给其《工会会员证》，并通知申请人从何时起交纳会费。

律师提醒

职工加入工会后，如果换了新工作，工会会员资格依然是有效的。职工在更换工作单位后，需将工会组织关系转到新的用人单位的工会。

74 农民工可以加入工会吗？加入工会需要具备哪些条件？

农民工有权加入工会。用人单位工会应当依法吸收农民工入会，任何组织和个人不得限制或者变相限制农民工加入工会。

农民工加入工会需要具备以下三个条件：

（1）以工资收入为主要生活来源或者与用人单位建立劳动关系。

（2）承认《中国工会章程》。

（3）自愿申请加入工会。

农民工自愿申请加入工会，既是对工会的认识问题，又是对工会的态度问题，应先由个人提出申请，工会小组讨论通过，再经工会基层委员会批准，绝不强迫。

律师提醒

根据中华全国总工会印发的《工会会员会籍管理办法》第七条的规定，非全日制等形式灵活就业的农民工，可以申请加入所在单位的工会，也可以申请加入所在地的乡镇（街道）、开发区（工业园区）、村（社区）工会和区域性（行业性）工会联合会等。

75 农民工可以在哪里加入工会？

在发展农民工入会的过程中，为了方便农民工入会，简化农民工入会手续，可以采取集体登记入会、街道和社区直接吸收农民工入会等方式，有效地推动农民工最大限度地加入工会。由各市（县、区）总工会统筹协调本地各类重点群体入会工作。

具体来说，农民工可以通过以下渠道加入工会：（1）在务工企业入会；（2）在村（社区）工会入会；（3）在乡镇（街道）工会入会；（4）在行业工会入会；（5）在工业园区工会入会；（6）在施工项目工会入会。

2016 年 12 月中华全国总工会印发的《工会会员会籍管理办法》第八条规定：农民工输出地工会开展入会宣传，启发农民工入会意识；输入地工会按照属地管理原则，广泛吸收农民工加入工会。农民工会员变更用人单位时，应及时办理会员会籍接转手续，不需重复入会。

律师提醒

如果用人单位尚未建立工会组织的，农民工可以到所在地社区申请加入工会，特别是在小餐饮、小门店、小超市和从事家政服务等依托社区开展经营活动的机构工作，加入社区工会较为方便。如果用人单位和社区均没有成立工会，可以申请加入街道工会。如果是在建筑工地工作的，农民工申请加入施工项目工会较为方便快捷。

76 工会可以为农民工提供哪些普惠服务？

工会可以为农民工提供的普惠服务有以下几方面：

（1）在劳动就业上，指导和帮助农民工签订劳动合同，开展就业援助、技能培训、创业扶持、小额贷款，培育和扶持农民工就业创业示范基地和创业典型，并成规模、高效率地开展农民工培训。

（2）在工资报酬上，帮助农民工围绕工时工价、劳动定额等开展集体协商；以建筑施工、公路和水利建设、加工制造、餐饮服务及劳动密集型企业、劳务派遣企业为重点，推动建立农民工欠薪报告制度。

（3）在社会保障上，引导农民工增强社保意识，督促企业按时、足额缴纳社会保险费，提高农民工参保率，并推动解决社保缴费、转移、接续等问题。

（4）在安全生产上，组织更多农民工参与群众性劳动安全卫生监督检查，扩大“安康杯”竞赛覆盖面。重点关注建筑业、采矿业等高危行业的安全防护工作，在工伤认定、劳动能力鉴定、工伤保险待遇落实等方面有效地帮助农民工。

（5）在困难帮扶上，深入开展“送温暖”“送清凉”“金秋助学”“农民工平安返乡”等活动和特殊困难职工群体法律援助工作，帮助农民工解决生产、生活中遇到的实际困难。

律师提醒

遭遇拖欠工资的农民工，可拨打工会“12351”工会服务职工热线，或前往工会帮扶中心、工会法律援助中心寻求帮助。

77 新就业形态劳动者如何加入工会？

《工会法》第三条第二款规定，“工会适应企业组织形式、职工队伍结构、劳动关系、就业形态等方面的发展变化，依法维护劳动者参加和组织工会的权利。”该规定从法律层面确定了新就业形态劳动者参加和组织工会的权利。新就业形态劳动者由于分布广泛、就业灵活、流动性强，不同于传统用工形式和就业方式，按照现行的模式入会难以有效覆盖。因此，全国总工会印发了《关于推进新就业形态劳动者入会工作的若干意见（试行）》（以下简称《意见》），根据新就业形态劳动者的劳动关系情况划分出三种入会路径。

一是与用人单位建立劳动关系或符合确定劳动关系情形的新就业形态劳动者，应加入用人单位工会，用人单位没有成立工会的，可以加入用人单位所在地的乡镇（街道）、开发区（工业园区）、村（社区）工会或区域性行业性工会联合会、联合工会等。

二是不完全符合确立劳动关系情形及个人依托平台自主开展经营活动等的新就业形态劳动者，可以加入工作或居住地的乡镇（街道）、开发区（工业园区）、村（社区）工会或区域性行业性工会联合会、联合工会等。鼓励平台企业、挂靠企业工会等吸纳新就业形态劳动者入会。

三是以劳务派遣形式就业的新就业形态劳动者加入工会，依照《中华全国总工会关于组织劳务派遣工加入工会的规定》执行，即劳务派遣工应首先选择参加劳务派遣单位工会，劳务派遣单位没有建立工会组织的，劳务派遣工直接参加用工单位工会；在劳务派遣工会员接受派遣期间，劳务派遣单位工会可以委托用工单位工会代管。用人单位、用工单位均没有成立工会的，可加入用人或用工单位所在地的乡镇（街道）、开发区（工业园区）、村（社区）工会或区域性行业性工会联合会、联合工会等。

为了方便新就业形态劳动者入会，《意见》要求优化入会流程，探索推行集体登记入会、流动窗口入会、职工沟通会现场入会等方式，加快推进网上入会试点步伐，逐步健全支持网上便捷入会的数据系统和服务平台。坚持新就业形态劳动者会员劳动（工作）关系在哪里，会籍就在哪里，实行一次入会、动态接转，加强流动会员管理，畅通组织关系接转渠道。

律师提醒

没有明确用人单位的新就业形态劳动者也有权加入工会，可以加入工作或居住地的街道、开发区、社区工会或者区域性行业性工业联合会、联合工会等。很多地方针对新就业形态劳动者在线在网、流动频繁的特点，打造了网上入会平台，“扫一扫”即可实时入会、转会。

78 被平台要求注册为个体工商户，还能够加入工会吗？

被平台要求注册为个体工商户可以加入工会。互联网平台要求在其平台就业的劳动者注册为个体工商户，目的是模糊事实劳动关系，规避用工主体责任，一旦发生劳动争议，新就业形态劳动者会由于劳动关系难以认定而导致维权困难。虽然设置了“个体工商户”这样的障碍，但是从法律层面上来讲，只要用工实际情况符合劳动关系构成要件，仍然应当认定双方存在劳动关系。劳动者在这种情况下，有权且应当加入工会。

律师提醒

国务院印发的《促进个体工商户发展条例》第三十条第二款明确规定：“任何单位和个人不得诱

导、强迫劳动者登记注册为个体工商户。”如果平台企业或者用工合作单位要求劳动者注册为个体工商户的，劳动者可以向工会寻求帮助。

79 成为工会会员后享有哪些权利、应尽哪些义务？

加入工会，成为工会会员，就可以依法享有会员的权利。根据《中国工会章程》第三条的规定，会员享有以下权利：

（1）选举权、被选举权和表决权。

（2）对工会工作进行监督，提出意见和建议，要求撤换或者罢免不称职的工会工作人员。

（3）对国家和社会生活问题及本单位工作提出批评与建议，要求工会组织向有关方面如实反映。

（4）在合法权益受到侵犯时，要求工会给予保护。

（5）工会提供的文化、教育、体育、旅游、疗休养、互助保障、生活救助、法律服务、就业服务等优惠待遇，工会给予的各种奖励。

（6）在工会会议和工会媒体上，参加关于工会工作和职工关心问题的讨论。

根据《中国工会章程》第四条的规定，工会会员享有会员权利的同时，还应当履行以下义务：

（1）认真学习贯彻习近平新时代中国特色社会主义思想，学习政治、经济、文化、法律、科技和工会基本知识等。

（2）积极参加民主管理，努力完成生产和工作任务，立足本职岗位建功立业。

（3）遵守宪法和法律，践行社会主义核心价值观，弘扬中华民族传统美德，恪守社会公德、职业道德、家庭美德、个人品德，遵守劳动纪律。

（4）正确处理国家、集体、个人三者利益关系，向危害国家、社会利益的行为作斗争。

（5）维护中国工人阶级和工会组织的团结统一，发扬阶级友爱，搞好互助互济。

（6）遵守工会章程，执行工会决议，参加工会活动，按月交纳会费。

律师提醒

《中国工会章程》规定的会员的权利和义务，充分体现了工会是工人阶级群众组织的本质。每位工会会员在享有一定权利的同时，都必须履行其应尽的义务。

80 加入工会以后，需要交纳多少会费？

交纳会费是每位工会会员应尽的义务，同时也是会员在工会组织内部享受权利的物质基础。会员交纳工会会费，体现了会员的组织观念，密切了会员与工会组织的联系，同时也有利于增强职工之间的互助互济和团结友爱。

根据《中华全国总工会关于收交工会会费的通知》的相关规定，工会会员应依据月工资收入的 0.5%按月向基层工会交纳会费，工资尾数不足 10 元的，不计交会费。会员交纳的会费，全部留在基层，用于工会开展活动，无须上交。

律师提醒

根据《中华全国总工会关于收交工会会费的通知》，只有企业发给的“工资”才需要计算交纳会费，如果企业发的是奖金、津贴或者补贴，不计算交纳会费。

81 劳动者加入工会后，转到其他城市工作会不会丢失工会会员资格？

根据中华全国总工会印发的《工会会员会籍管理办法》的规定，工会会员会籍是指工会会员资格，会籍管理随劳动（工作）关系流动而变动，会员劳动（工作）关系在哪里，会籍就在哪里，实行一次入会、动态接转。

如果会员在一个城市加入工会后，与用人单位解除劳动（工作）关系转到其他城市工作的，其会员会籍应转入新的用人单位工会。如果新的用人单位尚未建立工会的，其会员会籍原则上应暂时保留在新的用人单位属地工会，待所在单位建立工会后，再办理会员会籍接转手续。

律师提醒

劳动者在换工作的时候，要进行五险一金的转移与接续，同时也一定要记得工会会籍的转移接续工作，否则会影响享受工会的各项福利。

82 劳动者失业后可以保留会员会籍吗？

可以保留。《中国工会章程》第八条规定：“会员离休、退休和失业，可保留会籍。保留会籍期间免交会费。”根据《工会会员会籍管理办法》的规定，在以下几种情形中可以保留会员会籍：

会员退休的。会员办理退休手续后，在原单位工会办理保留会籍手续，退休后再返聘参加工作的会员，保留会籍不作变动。

内部退养的会员。办理内退的会员其会籍暂不做变动，待其按国家有关规定正式办理退休手续后，办理保留会籍手续。

会员失业的。失业后的会员由原用人单位办理保留会籍手续，原用人单位关闭或者破产的，可将其会籍转至其居住地的乡镇（街道）或村（社区）工会。重新就业后，由其本人及时与新用人单位接转会员会籍。

服兵役的。已经加入工会的职工在服兵役期间保留会员会籍，兵役期满，复员或者转业到用人单位并建立劳动关系的，应及时办理会员会籍接转手续。

会员在保留会籍期间免交会费，不再享有选举权、被选举权和表决权。

律师提醒

失业人员重新就业的，应当由原单位工会填写会员证“工会组织关系接转”栏目中有关内容，会员的《工会会员登记表》随个人档案一并移交，会员以会员证或会员卡等证明其工会会员身份，新的用人单位工会应予以接转登记。

83 在直接涉及劳动者权益的制度规则制定过程中，工会发挥什么作用？

《劳动合同法》第四条第二款规定：“用人单位在制定、修改或者决定有关劳动报酬、工作时间、休息休假、劳动安全卫生、保险福利、职工培训、劳动纪律以及劳动定额管理等直接涉及劳动者切身利益的规章制度或者重大事项时，应当经职工代表大会或者全体职工讨论，提出方案和意见，与工会或者职工代表平等协商确定。”

根据上述规定，用人单位在直接涉及劳动者权益的制度规则制定或修改过程中，应当经职工代表大会或全体职工讨论，与工会或职工代表平等商定，即要实行“民主程序”。这一民主程序具体分为三个步骤：一是制定或修改的制度规则应当经职工代表大会或全体职工讨论；二是由职工代表大会或职工对修改草案提出方案和意见；三是与工会或职工代表大会平等协商确定最终文本。因此，用人单位建立工会的，直接涉及劳动者权益的制度规则的制定或修改应当经与工会平等协商讨论，未经过这一民主程序协商的，会被裁判机关认定为未满足民主程序的要求因而不能作为用工管理的依据。

律师提醒

直接涉及劳动者权益的规章制度在制定或修改过程中，未经过与工会或职工代表平等协商过程的，原则上是不能作为用工管理的依据的，也就是不能将制度规则用于职工。

84 用人单位辞退劳动者时，工会可以发挥什么作用？

《劳动合同法》第四十三条规定："用人单位单方解除劳动合同，应当事先将理由通知工会。用人单位违反法律、行政法规规定或者劳动合同约定的，工会有权要求用人单位纠正。用人单位应当研究工会的意见，并将处理结果书面通知工会。”《工会法》第二十二条第二款规定：“用人单位单方面解除职工劳动合同时，应当事先将理由通知工会，工会认为用人单位违反法律、法规和有关合同，要求重新研究处理时，用人单位应当研究工会的意见，并将处理结果书面通知工会。”根据上述规定，用人单位解除劳动合同时，工会可以发挥的作用有：一是有权事先获知解除劳动合同的理由；二是如果工会发现用人单位的解雇决定违反法律、行政法规或者劳动合同约定的，有权要求单位纠正；三是对于工会提出的意见，用人单位应当认真研究并将处理结果通知工会。

律师提醒

即使用人单位以劳动者严重违反企业规章制度、给企业造成重大损害为由单方解除劳动合同的，也应当事先通知工会，否则劳动者有权以用人单位违法解除劳动合同为由请求单位支付赔偿金。

85 什么是工会劳动法律监督？劳动者如何对违反劳动法律法规行为进行举报？

根据《工会劳动法律监督办法》的规定，工会劳动法律监督，是工会依法对劳动法律法规执行情况进行的有组织的群众监督，是我国劳动法律监督体系的重要组成部分。工会在劳动法律监督中发现违反劳动法律法规、侵害职工合法权益行为的，应当代表职工要求用人单位整改。对于职工的投诉事项，可以通过现场调查、向有关人员了解情况、查阅有关资料等方式核查事实，经调查认为用人单位不存在违反劳动法律法规、侵害职工合法权益行为的，应当向职工说明；经调查认为用人单位确实存在违反劳动法律法规行为的，应当及时与用人单位进行沟通协商，督促单位整改，并可以通过“一函两书”的形式推动用人单位整改到位。

“一函两书”制度是工会劳动法律监督的特别形式，指工会及相关单位为提醒用人单位落实好劳动法律法规，或纠正其违法用工而适用相关文书的制度。其中，“一函”是指《工会劳动法律监督提示函》（以下简称《提示函》），“两书”指的是《工会劳动法律监督意见书》（以下简称《意见书》）和《工会劳动法律监督建议书》（以下简称《建议书》）。《提示函》的作用主要是及时发现用人单位违法用工风险隐患或苗头性问题，它的发函主体既可以是基层工会或工会劳动法律监督组织，也可以是县级以上地方总工会。《意见书》是向用人单位发出的、纠正其违法用工行为的法律文书。经提示或者与用人单位协商无效的，由地方工会、基层工会或工会劳动法律监督组织向用人单位发出《意见书》，提出改正意见。《建议书》是由工会向相关行政执法部门发出的法律文书，在《意见书》纠正违法用工行为无果，需要行政执法部门介入的情形下适用。

对用人单位的劳动违法行为进行投诉是法律赋予职工的一项重要权利。职工如果发现用人单位的劳动违法行为，可以通过向工会设置的劳动法律咨询接待窗口投诉，也可以通过“12351”工会服务职工热线、微信公众号、工会劳动法律监督投诉等方式进行投诉举报。

律师提醒

职工的劳动权益受到用人单位侵害后，往往首先找劳动监察部门投诉，或者直接向劳动仲裁部门申请仲裁。其实，工会对劳动违法行为的投诉处理已经有完善的流程，而且投诉渠道更灵活，职工可以首先向工会投诉。工会的劳动法律监督机制可以实现早知道、早介入、早处理，还可以针对投诉问题的普遍性在一定区域内公开提示所有用人单位遵守劳动法律规定，消除用工隐患。

86 工会对用人单位的劳动法律监督有哪些内容？

根据《工会劳动法律监督办法》第九条的规定，工会对用人单位的下列情况实施监督：

（1）执行国家有关就业规定的情况；

（2）执行国家有关订立、履行、变更、解除劳动合同规定的情况；

（3）开展集体协商，签订和履行集体合同的情况；

（4）执行国家有关工作时间、休息、休假规定的情况；

（5）执行国家有关工资报酬规定的情况；

（6）执行国家有关各项劳动安全卫生及伤亡事故和职业病处理规定的情况；

（7）执行国家有关女职工和未成年工特殊保护规定的情况；

（8）执行国家有关职业培训和职业技能考核规定的情况；

（9）执行国家有关职工保险、福利待遇规定的情况；

（10）执行国家有关支持劳动者参加和组织工会规定的情况；

（11）执行企事业单位民主管理有关规定的情况；

（12）制定、修改劳动规章制度或者决定重大事项的情况；

（13）法律法规规定的其他劳动法律监督事项。

对用人单位恶意欠薪、违法超时加班、违法裁员、未缴纳或未足额缴纳社会保险费、侮辱体罚、强迫劳动、就业歧视、使用童工、侵犯女职工特殊权益、损害职工健康等行为，工会还会开展重点监督。同时，工会还应当加强对平台企业和平台用工合作企业、劳务派遣用工单位的法律监督。

律师提醒

《工会劳动法律监督办法》将建会入会、企业民主管理及依法制定劳动规章制度、决定重大事项等纳入了工会劳动法律监督的范围，将女职工权益保护列为监督重点，同时增加了工会对平台企业和平台用工合作企业、劳务派遣用工单位的劳动法律监督。用人单位在这些方面的劳动违法行为，职工均可以向工会投诉。

87 用人单位违反劳动法律法规，工会如何处理？

《工会劳动法律监督办法》第二十一条规定，基层工会对本单位遵守劳动法律法规的情况实行监督，对劳动过程中发生的违反劳动法律法规的问题，应当及时向生产管理人员提出改进意见；对于严重损害劳动者合法权益的行为，基层工会在向单位行政提出意见的同时，可以向上级工会和当地政府有关主管部门报告，提出查处建议。

第二十三条规定，上级工会收到对用人单位违反劳动法律法规行为投诉的，应当及时转交所在用人单位工会受理，所在用人单位工会应当开展调查，于 30 个工作日内将结果反馈实名投诉人，并报上级工会。对不属于监督范围或者已经由行政机关、仲裁机构、人民法院受理的投诉事项，所在用人单位工会应当告知实名投诉人。

工会在处理投诉或者日常监督工作中发现用人单位存在违反劳动法律法规、侵害职工合法权益行为的，可以进行现场调查，向有关人员了解情况，查阅、复制有关资料，核查事实。确认劳动违法事实存在的，工会应当代表职工要求单位整改，经沟通协商解决不成的，通过“一函两书”的劳动法律监督方式要求用人单位落实整改。

律师提醒

工会对实名投诉人的个人信息是保密的，职工实名举报不必担心因个人信息泄露而被用人单位报复。

88　工会与相关部门是如何协同推进运用“一函两书”维护劳动者权益的？

为了充分发挥工会与司法行政部门在维护劳动者合法权益、构建和谐劳动关系中的协同作用，有效预防和化解劳动领域矛盾纠纷，及时纠正违法用工行为，切实维护劳动者的合法权益，中华全国总工会与最高人民检察院、最高人民法院、人力资源社会保障部分别出台了协同推进“一函两书”的相关文件或进行了相关部署。

2024 年 2 月，最高人民检察院、中华全国总工会联合印发了《关于协同推进运用“一函两书”制度保障劳动者权益工作的通知》（以下简称《通知》），主要工作目标是促进工会与检察机关协同协作，以全面推行“一函两书”制度为抓手，切实维护好劳动者合法权益，推动构建和谐劳动关系。根据《通知》要求，在加强事前监督和风险提示方面，工会在“两节”等重要时间节点，聚焦根治欠薪、违法安排超时加班等重点问题，可面向本地区相关用人单位公开发布《工会劳动法律监督提示函》；检察机关可结合法律监督职能，就办案中发现的重点问题面向本地区发布相应法律风险提示或合规倡议，提醒、警示企业遵守相关劳动法律法规。在协同协作保护劳动者权益方面，涉及新就业形态劳动者和女性、未成年、残疾、老年劳动者等重点群体权益，或者涉及社保欠缴、拖欠农民工工资等群体性纠纷且用人单位不予配合的，县级以上总工会可同时将《工会劳动法律监督意见书》抄送同级检察机关，并移送相关线索材料，由检察机关依法启动法律监督程序。

2024 年 3 月，中华全国总工会、最高人民法院联合印发了《关于协同推进“一函两书”工作的通知》，要求充分发挥工会与人民法院各自优势，全国总工会与最高人民法院要建立沟通协作机制，建立双向通报和信息共享机制、司法建议与工会监督衔接机制等，增强“一函两书”落地效能，推动劳动纠纷诉源治理。

2024 年 2 月，在全国总工会推行劳动法律监督“一函两书”工作部署会上，人社部要求各级人社部门发挥职能优势，充分挖掘合作潜力，推动“一函两书”在维护职工群众权益方面发挥更大的作用。人社部门要与工会一道，聚焦畅通职工诉求表达渠道、引导职工依法维护权益、丰富工会劳动法律监督实施载体等，立足基层，立足实际，总结推广行之有效的好方法、好做法。

律师提醒

司法行政机关与工会协同协作共同推进“一函两书”制度，能够有效提升监督质效，督促用人单位对劳动违法行为的整改，保障劳动者的合法权益。

89　工会如何通过集体协商推动制定行业劳动标准，保障新就业形态劳动者合法权益？

新就业形态劳动者群体突破了传统的标准工作方式和企业管理模式，套用老方法难以有效保障新就业形态劳动者的合法权益。在这一背景下，通过集体协商的方式督促用工单位与劳动者签订集体合同，是有效保护劳动者权益的可行路径。《劳动法》第八条明确规定：“劳动者依照法律规定，通过职工大会、职工代表大会或者其他形式，参与民主管理或者就保护劳动者合法权益与用人单位进行平等协商。”2021 年 7 月，人力资源社会保障部、国家发展改革委、全国总工会等八部门联合下发的《关于维护新就业形态劳动者劳动保障权益的指导意见》也提出“积极与行业协会、头部企业或企业代表组织开展协商，签订行业集体合同或协议，推动制定行业劳动标准”。2023 年 1 月，全国总工会印发《关于推进新就业形态劳动者权益协商协调机制建设工作的通知》，要求以货运、网约车、快递、网约配送等行业的 12 家头部平台企业为重点，推动建立与劳动者的协商协调机制，畅通和规范劳动者的诉求表达、利益协调通道。

通过集体协商签订集体合同或协议，对于维护新就业形态劳动者的合法权益具有更为明显的效果。工会可以通过集体协商推动制定行业标准，保障新就业形态劳动者合法权益：一是企业工会可以在本企业内推动建立集体协商机制，代表劳动者与企业签订集体劳动合同，在工作时间、休息休假、社会保险、劳动安全等问题上达成共识，让身处同一企业但互相之间并不了解甚至并不认识的劳动者，可以在同样的劳动基础上，享有同样的劳动报酬和福利待遇；二是行业工会可以推动全行业范围内的集体协商模式，鼓励新就业形态相关企业通过集体协商制定劳动标准，使不同平台上工作的劳动者，在本行业内按照同样的劳动标准提供劳动，并获得同等的报酬和其他权益，承担同等的义务，避免同一行业内劳动者的权利义务不一致、保障程度各异的现象，依法保障新就业形态劳动者的合法权益。

律师提醒

在新就业形态领域，集体协商可以突破劳动关系和地域限制，还可以突破加盟、外包等“隔离”劳动关系的法律规避设置，可以形成有制度保障、相对规范的用工模式，因此，集体协商将是维护新就业形态劳动者合法权益、协调新业态领域用工关系的最重要的制度。

欠薪维权篇

90 工资都由哪些部分组成？

依据《国家统计局关于工资总额组成的规定》第四条的规定，工资总额由下列六个部分组成：（1）计时工资；（2）计件工资；（3）奖金；（4）津贴和补贴；（5）加班加点工资；（6）特殊情况下支付的工资。

同时，根据《关于工资总额组成的规定》第十一条的规定，有关劳动保险和职工福利方面的各项费用；出差伙食补助费、误餐补助、调动工作的旅费和安家费；劳动保护的各项支出；有关离休、退休、退职人员待遇的各项支出；劳动合同制职工解除劳动合同时由企业支付的医疗补助费、生活补助费等14类费用不属于工资组成部分。

律师提醒

企业可以根据自身生产经营实际，依法确定本单位员工的具体工资构成项目。职工想要清楚了解自己的工资构成情况，要注意把握两点：一是签订劳动合同时，要看清其中关于工资构成的约定内容。二是领取工资时应当及时要求单位提供工资条等支付凭证并妥善保存。

91 什么是最低工资标准？

依据原劳动和社会保障部《最低工资规定》第三条的规定，最低工资标准是指劳动者在法定工作时间或依法签订的劳动合同约定的工作时间内提供了正常劳动的前提下，用人单位依法应支付的最低劳动报酬。

正常劳动，是指劳动者按依法签订的劳动合同约定，在法定工作时间或劳动合同约定的工作时间内从事的劳动。劳动者依法享受带薪年休假、探亲假、婚丧假、生育（产）假、节育手术假等国家规定的假期间，以及法定工作时间内依法参加社会活动期间，视为提供了正常劳动。

依据原劳动和社会保障部《最低工资规定》第五条的规定，最低工资标准一般采取月最低工资标准和小时最低工资标准的形式。月最低工资标准适用于全日制就业劳动者，小时最低工资标准适用于非全日制就业劳动者。

依据原劳动和社会保障部《最低工资规定》第六条的规定，各省、自治区、直辖市政府参考当地经济发展水平、就业状况等因素，确定和调整本地区月最低工资标准。

律师提醒

在劳动者提供正常劳动的情况下，用人单位应支付给劳动者的工资在剔除下列各项以后，不得低于当地最低工资标准：（1）延长工作时间工资；（2）中班、夜班、高温、低温、井下、有毒有害等特殊工作环境、条件下的津贴；（3）法律、法规和国家规定的劳动者福利待遇等。

劳动者由于本人原因造成在法定工作时间内或依法签订的劳动合同约定的工作时间内未提供正常劳动的，不适用《最低工资规定》的相关内容。

92 用人单位该如何支付劳动者的工资？

根据《劳动法》第五十条，《工资支付暂行规定》第五条、第六条的规定，用人单位应该直接将工资以法定货币形式按月支付给劳动者本人，如果劳动者因故不能领取工资，可以委托亲属或者其他人代为领取。用人单位也可以委托银行代发工资，将工资直接转到劳动者的银行卡上。

如果劳动者在建筑工地干活儿，用人单位应当将工资直接支付给劳动者，而不能将工资支付给承包方，再由承包方转交；也不能克扣或者以其他形式来代替劳动者的工资。

根据《工资支付暂行规定》第六条第三款的规定，用人单位必须书面记录支付劳动者工资的数额、时间、领取者的姓名以及签字，并保存2年以上备查。如果用人单位是向农民工支付工资的，根据《保障农民工工资支付条例》第十五条的规定，用人单位应当按照工资支付周期编制书面工资支付台账，并至少保存3年。书面工资支付台账应当包括用人单位名称，支付周期，支付日期，支付对象姓名、身份证号码、联系方式，工作时间，应发工资项目及数额，代扣、代缴、扣除项目和数额，实发工资数额，银行代发工资凭证或者农民工签字等内容。用人单位向农民工支付工资时，应当提供农民工本人的工资清单。

双方依法解除或终止劳动合同时，用人单位应在解除或终止劳动合同时一次性付清劳动者的工资。

律师提醒

工资应当以法定货币（在我国就是指人民币）支付。不得以实物及有价证券替代货币。

93 职工病假期间有没有工资？

职工患病或非因工负伤治疗期间，在规定的医疗期内由企业按有关规定支付其病假工资或疾病救济费。

《关于贯彻执行〈中华人民共和国劳动法〉若干问题的意见》第五十九条规定，职工患病或非因工负伤治疗期间，在规定的医疗期间内由企业按有关规定支付其病假工资或疾病救济费，病假工资或疾病救济费可以低于当地最低工资标准支付，但不能低于最低工资标准的80%。如果地方有规定的，企业应按所在地方规定执行。

律师提醒

劳动者在病假期间仍然是享有工资待遇的，但应当向用人单位提供医院开具的病假证明。

94 非因劳动者原因停产停工期间的工资应当如何支付？

依据《工资支付暂行规定》第十二条的规定，非因劳动者原因造成单位停工、停产在一个工资支付周期内的，用人单位应按劳动合同规定的标准支付劳动者工资。超过一个工资支付周期的，若劳动者提供了正常劳动，则用人单位支付给劳动者的劳动报酬不得低于当地的最低工资标准；若劳动者没有提供正常劳动，应按国家有关规定办理。

非因劳动者原因造成单位停工停产、超过一个月，单位没有给劳动者安排工作的，劳动者可以向用人单位主张生活费。生活费的标准可以参照当地具体规定，通常是不低于当地最低工资标准的70%—80%。

律师提醒

劳动者一旦遇到用人单位非因劳动者原因而停产、停工的情形，可向单位主张按照上述规定支付工资或生活费，应注意及时依法维护自身劳动报酬权益。

95 非全日制用工的工资应怎样支付？

根据《劳动合同法》第六十八条、第七十二条规定，非全日制用工，是指以小时计酬为主，劳动者在同一用人单位一般平均每日工作时间不超过 4 小时，每周工作时间累计不超过 24 小时的用工形式。非全日制用工小时计酬标准不得低于用人单位所在地人民政府规定的最低小时工资标准。非全日制用工劳动报酬结算支付周期最长不得超过 15 日。

非全日制用工的小时最低工资标准由各省、自治区、直辖市在颁布的月最低工资标准的基础上，考虑单位应缴纳的基本养老保险费和基本医疗保险费因素，同时还应适当考虑非全日制劳动者在工作稳定性、劳动条件和劳动强度、福利等方面与全日制就业人员之间的差异等因素进行确定和调整。

律师提醒

劳动者在工作时要清楚自己是不是全日制用工，如果是非全日制用工就要注意自己实际领取的工资是否符合双方约定，是否不低于所在省（自治区、直辖市）的非全日制用工小时最低工资标准。

96 用人单位可以从工资中扣除哪些款项?

依据《工资支付暂行规定》第十五条的规定，有下列情况之一的，用人单位可以代扣劳动者工资：（1）用人单位代扣代缴的个人所得税；（2）用人单位代扣代缴的应由劳动者个人负担的各项社会保险费用；（3）法院判决、裁定中要求代扣的抚养费、赡养费；（4）法律、法规规定可以从劳动者工资中扣除的其他费用。

律师提醒

因劳动者本人原因给用人单位造成经济损失的，用人单位可按照劳动合同的约定要求其赔偿经济损失。经济损失的赔偿，可从劳动者本人的工资中扣除。但每月扣除的部分不得超过劳动者当月工资的20%。若扣除后的剩余工资部分低于当地月最低工资标准，则按最低工资标准支付。

97 被欠薪除可以要求支付工资，还可以要求哪些赔偿或补偿？

《劳动合同法》第八十五条规定：用人单位有下列情形之一的，由劳动行政部门责令限期支付劳动报酬、加班费或者经济补偿；劳动报酬低于当地最低工资标准的，应当支付其差额部分；逾期不支付的，责令用人单位按应付金额 50% 以上 100% 以下的标准向劳动者加付赔偿金：（1）未按照劳动合同的约定或者国家规定及时足额支付劳动者劳动报酬的；（2）低于当地最低工资标准支付劳动者工资的；（3）安排加班不支付加班费的；（4）解除或者终止劳动合同，未依照本法规定向劳动者支付经济补偿的。

律师提醒

劳动者如果被欠薪，可以向当地劳动监察部门投诉，要求用人单位立即结清工资，如用人单位逾期支付，还需另行加付赔偿金。同时，也可依据《劳动合同法》以用人单位未及时足额支付劳动报酬为由，提出解除劳动关系并主张解除劳动关系的经济补偿。

98 劳动者有权要求用人单位支付年终奖吗？

《国家统计局关于工资总额组成的规定》第四条规定，工资总额由下列六个部分组成：（1）计时工资；（2）计件工资；（3）奖金；（4）津贴和补贴；（5）加班加点工资；（6）特殊情况下支付的工资。《国家统计局〈关于工资总额组成的规定〉若干具体范围的解释》中关于"奖金"的范围里提及了年终奖："生产（业务）奖包括超产奖、质量奖、安全（无事故）奖、考核各项经济指标的综合奖、提前竣工奖、外轮速遣奖、年终奖（劳动分红）等。"从上述规定来看，年终奖同样属于工资范畴，但是，从司法实践来看，通常情况下年终奖属于约定工资，法律并没有强制用人单位必须向劳动者支付年终奖。因此，劳动者有无权利主张年终奖，需要结合双方的劳动合同中或者单位的规章制度中是否有年终奖的约定或规定，以及劳动者是否符合年终奖的发放条件来具体判断。

律师提醒

劳动者主张年终奖的，需要举证证明单位有发放年终奖的合同约定或者制度规定，并且自己符合领取年终奖的条件。

99 事假期间有没有工资？

劳动者请事假期间的待遇，国家现行法律规范中没有具体规定。劳动者因为私事而请假期间的待遇问题，可以由用人单位根据本单位的实际情况通过内部规章制度加以规定，或者在劳动合同中约定。因为，劳动者并未提供正常劳动，即使用人单位规定因私事请假期间不发工资，也是不违反法律规定的。但用人单位不得因为劳动者请事假而多扣其工资。

律师提醒

劳动者如果是在年休假、探亲假、婚丧假等法定事假期间的，工资待遇不变，用人单位应照常发放工资。另外，劳动者在法定工作时间内依法参加社会活动的，用人单位应视同其提供了正常劳动而正常支付工资。

100 因追讨工资而申请劳动仲裁有没有时效限制？

根据《劳动争议调解仲裁法》第二十七条规定，劳动争议申请仲裁的时效期间为一年。仲裁时效期间从当事人知道或者应当知道其权利被侵害之日起计算。劳动关系存续期间因拖欠劳动报酬发生争议的，劳动者申请仲裁不受本条第一款规定的仲裁时效期间的限制；但是，劳动关系终止的，应当自劳动关系终止之日起一年内提出。

律师提醒

劳动关系存续期间用人单位拖欠劳动报酬，劳动者申请仲裁不受一年的仲裁时效期间的限制，可以随时提出仲裁申请。但是，劳动关系终止的，应当自劳动关系终止之日起一年内提出。

101 用人单位不依法支付工资可能面临哪些行政处罚？

依据《劳动合同法》第八十五条的规定，用人单位不依法支付工资的，由劳动行政部门责令限期支付劳动报酬、加班费或者经济补偿；逾期不支付的，由劳动行政部门责令用人单位按照法定标准向劳动者加付赔偿金。如果用人单位在被劳动行政部门责令支付后仍不支付的，则构成《劳动保障监察条例》第三十条第一款第（三）项规定的“经劳动保障行政部门责令改正拒不改正，或者拒不履行劳动保障行政部门的行政处理决定的”行为，劳动保障行政部门有权处以 2000 元以上 2 万元以下的罚款。

同时，《保障农民工工资支付条例》第五十四条规定，有下列情形之一的，由人力资源社会保障行政部门责令限期改正；逾期不改正的，对单位处 2 万元以上 5 万元以下的罚款，对法定代表人或者主要负责人、直接负责的主管人员和其他直接责任人员处 1 万元以上 3 万元以下的罚款：（1）以实物、有价证券等形式代替货币支付农民工工资；（2）未编制工资支付台账并依法保存，或者未向农民工提供工资清单；（3）扣押或者变相扣押用于支付农民工工资的银行账户所绑定的农民工本人社会保障卡或者银行卡。

律师提醒

向劳动监察部门投诉举报是劳动者重要的维权途径。劳动监察部门收到投诉举报后，经过调查核实，确定用人单位存在未依法支付工资情形的，会依法进行行政处理。

102 用人单位拖欠工资情节严重的，依法可能面临哪些惩戒措施？

《保障农民工工资支付条例》第四十八条规定：用人单位拖欠农民工工资，情节严重或者造成严重不良社会影响的，有关部门应当将该用人单位及其法定代表人或者主要负责人、直接负责的主管人员和其他直接责任人员列入拖欠农民工工资失信联合惩戒对象名单，在政府资金支持、政府采购、招投标、融资贷款、市场准入、税收优惠、评优评先、交通出行等方面依法依规予以限制。拖欠农民工工资需要列入失信联合惩戒名单的具体情形，由国务院人力资源社会保障行政部门规定。

人力资源社会保障部制定的《拖欠农民工工资失信联合惩戒对象名单管理暂行办法》第五条规定，用人单位拖欠农民工工资，具有下列情形之一，经人力资源社会保障行政部门依法责令限期支付工资，逾期未支付的，人力资源社会保障行政部门应当作出列入决定，将该用人单位及其法定代表人或者主要负责人、直接负责的主管人员和其他直接责任人员列入失信联合惩戒名单：（1）克扣、无故拖欠农民工工资达到认定拒不支付劳动报酬罪数额标准的；（2）因拖欠农民工工资违法行为引发群体性事件、极端事件造成严重不良社会影响的。第十一条规定，当事人被列入失信联合惩戒名单的期限为3年，自人力资源社会保障行政部门作出列入决定之日起计算。

根据《拖欠农民工工资失信联合惩戒对象名单管理暂行办法》的相关规定，一旦被列入失信联合惩戒名单，人力资源社会保障行政部门将把用人单位名单转到同级信用信息共享平台，由有关部门在政府资金支持、政府采购、招投标、融资贷款、市场准入、税收优惠、评优评先、交通出行等方面依法依规予以联合惩戒，最长期限可达3年。

律师提醒

根据国家发展改革委等部门联合发布的《关于对严重拖欠农民工工资用人单位及其有关人员开展联合惩戒的合作备忘录》的规定，对于列入失信联合惩戒名单的人员，限制其乘坐飞机、列车软卧、G字头动车组列车、其他动车组列车一等以上座位等高消费及其他非生活和工作必需的消费行为；限制其新建、扩建、高档装修房屋，购买非经营必需车辆等非生活和工作必需的消费行为。

103 拒不支付劳动报酬的用人单位可能面临哪些刑事处罚？

现行《刑法》第二百七十六条规定了“拒不支付劳动报酬罪”，即以转移财产、逃匿等方法逃避支付劳动者的劳动报酬或者有能力支付而不支付劳动报酬，数额较大，经政府有关部门责令支付仍不支付的，处 3 年以下有期徒刑或者拘役，并处或者单处罚金；造成严重后果的，处 3 年以上 7 年以下有期徒刑，并处罚金。

单位犯前款罪的，对单位判处罚金，并对其直接负责的主管人员和其他直接责任人员，依照前款的规定处罚。

有前两款行为，尚未造成严重后果，在提起公诉前支付劳动者的劳动报酬，并依法承担相应赔偿责任的，可以减轻或者免除处罚。

律师提醒

2013 年 1 月 23 日，《最高人民法院关于审理拒不支付劳动报酬刑事案件适用法律若干问题的解释》（法释〔2013〕3号），明确了拒不支付劳动报酬罪的适用范围，以严格约束用人单位履行自己的义务，保护劳动者的合法权益。

104 农民工工资支付的周期和时间如何确定？

《劳动法》第五十条明确规定，工资应当以货币形式按月支付给劳动者本人。不得克扣或者无故拖欠劳动者的工资。《国务院办公厅关于全面治理拖欠农民工工资问题的意见》也明确规定，明确工资支付各方主体责任。全面落实企业对招用农民工的工资支付责任，督促各类企业严格依法将工资按月足额支付给农民工本人，严禁将工资发放给不具备用工主体资格的组织和个人。

《保障农民工工资支付条例》第十二条、第十三条、第十四条规定：用人单位应当按照与农民工书面约定或者依法制定的规章制度规定的工资支付周期和具体支付日期足额支付工资。实行月、周、日、小时工资制的，按照月、周、日、小时为周期支付工资；实行计件工资制的，工资支付周期由双方依法约定。用人单位与农民工书面约定或者依法制定的规章制度规定的具体支付日期，可以在农民工提供劳动的当期或者次期。具体支付日期遇法定节假日或者休息日的，应当在法定节假日或者休息日前支付。

对于完成一次性临时劳动或某项具体工作的劳动者，用人单位应当按照有关的协议或者合同的规定在劳动者完成工作后即支付工资。

律师提醒

劳动者在签订劳动合同时一定要看清、记清其中约定的工资支付周期和时间，如果遇到用人单位未按此约定支付工资的情况，要积极依法维权。

105 建筑企业在工程完工后才结算工资合法吗？

《工资支付暂行规定》第七条规定：工资必须在用人单位与劳动者约定的日期支付。如遇节假日或休息日，则应提前在最近的工作日支付。工资至少每月支付一次，实行周、日、小时工资制的可按周、日、小时支付工资。《保障农民工工资支付条例》第二十四条第二款也明确规定：建设单位与施工总承包单位依法订立书面工程施工合同，应当约定工程款计量周期、工程款进度结算办法以及人工费用拨付周期，并按照保障农民工工资按时足额支付的要求约定人工费用。人工费用拨付周期不得超过1个月。

此外，《保障农民工工资支付条例》第三十一条规定：工程建设领域推行分包单位农民工工资委托施工总承包单位代发制度。分包单位应当按月考核农民工工作量并编制工资支付表，经农民工本人签字确认后，与当月工程进度等情况一并交施工总承包单位。施工总承包单位根据分包单位编制的工资支付表，通过农民工工资专用账户直接将工资支付到农民工本人的银行账户，并向分包单位提供代发工资凭证。

律师提醒

建筑公司或者包工头在工程完工后才结算工资的做法是违法的，劳动者有权向劳动行政部门投诉。

106 什么是建设工程领域农民工工资专用账户？

《保障农民工工资支付条例》第二十六条规定：施工

总承包单位应当按照有关规定开设农民工工资专用账户，专项用于支付该工程建设项目农民工工资。开设、使用农民工工资专用账户有关资料应当由施工总承包单位妥善保存备查。《工程建设领域农民工工资专用账户管理暂行办法》第二条明确规定，农民工工资专用账户是指施工总承包单位在工程建设项目所在地银行业金融机构开立的，专项用于支付农民工工资的专用存款账户。人工费用是指建设单位向总包单位专用账户拨付的专项用于支付农民工工资的工程款。

开设农民工工资专用账户，规范农民工工资专用账户管理，能够确保农民工工资专款专用，切实保障农民工劳动报酬权益，推动解决工程建设领域拖欠农民工工资问题。

律师提醒

建设单位不得因与总承包方、分包方的工程量、质量、造价等争议，而不按时、足额拨付工程款中的人工费用。

107 农民工工资专用账户能被查封、冻结或划拨吗？

可以，但是仅限于特定情形。《保障农民工工资支付条例》第三十三条规定：除法律另有规定外，农民工工资专用账户资金和工资保证金不得因支付为本项目提供劳动的农民工工资之外的原因被查封、冻结或者划拨。《最高人民法院、人力资源社会保障部、中国银保监会关于做好防止农民工工资专用账户资金和工资保证金被查封、冻结或者划拨有关工作的通知》（以下简称《通知》）第三条规定：对农民工工资专用账户中明显超出工程施工合同约定并且明显超出足额支付该项目农民工工资所需全部人工费的资金，对工资保证金账户中超出工资保证金主管部门公布的资金存储规定部分的资金，人民法院经认定可依法采取冻结或者划拨措施。当事人及有关单位、个人利用两类账户规避、逃避执行的，应当依法承担责任。另外，根据《通知》第四条的规定，人民法院可以依法对两类账户采取预冻结措施，在工程完工且未拖欠农民工工资，监管部门按规定解除对两类账户监管后，预冻结措施自动转为冻结措施，并可依法划拨剩余资金。

律师提醒

农民工工资专用账户制度是为了确保农民工工资优先拨付到位，防止与其他工程款等资金混同或者被挤占而设立的。原则上，专用账户只能因支付农民工工资而被查封、冻结或者划拨。

108　在建筑行业务工的劳动者，被拖欠工资该如何收集证据？

收集证据有以下几种方式：

（1）劳动者和包工方即使不签订正式的劳动合同，也要让包工方写个书面字据，把每月（天）多少工资、工期多长等内容写下来。如果包工方连这个也不愿意写，为确保劳动者的合法权益不受侵害，最好用录音机或者手机，将包工方关于工资报酬等对话记录下来，然后将录音内容整理成书面的材料，将来可以作为口头约定的证明。

（2）如果劳动者在建筑工地打工，除了要让包工方写字据，最好能保存上级用人单位发放的有关工作凭证，包括工作证、出入证、考勤表等。发生纠纷后，找用人单位的负责人协商时，也要录音。

（3）劳动者在打工时要养成好习惯，把每天在哪个工地干活儿、干的什么活儿、干多少活儿、干多长时间、怎么算工钱等都记录下来。工作记录将来也能作为证据。

（4）劳动者还可以找工友做证。劳动者都在一个工地干活儿，当初和包工方或者用人单位是怎么约定的、现在被拖欠了多少工资等事情，工友最熟悉。

律师提醒

劳动者平时打工应当注意收集信息，比如工程施工信息、包工头的身份信息等。如果包工方拒不支付工钱，紧急情况下可以拨打“110”，即使警察帮忙调解不成功，也能留下“110”出警记录作为凭证。

109 建筑工人如何用好施工现场公示的维权信息？

《保障农民工工资支付条例》第三十四条规定，施工总承包单位应当在施工现场醒目位置设立维权信息告示牌，明示下列事项：（1）建设单位、施工总承包单位及所在项目部、分包单位、相关行业工程建设主管部门、劳资专管员等基本信息；（2）当地最低工资标准、工资支付日期等基本信息；（3）相关行业工程建设主管部门和劳动保障监察投诉举报电话、劳动争议调解仲裁申请渠道、法律援助申请渠道、公共法律服务热线等信息。

律师提醒

劳动者在进入工地工作前，要注意了解施工现场公示的维权信息，一旦遇到自身合法权益受到侵害的情况，要善于及时运用有关信息依法维权。

110　包工头卷款逃跑，劳动者该怎么办？

包工头卷款逃跑，劳动者应采取的措施如下：

（1）劳动者可以直接找将工程承包给包工头的建设单位或者施工总承包单位索要工资。《保障农民工工资支付条例》第三十六条第一款规定：建设单位或者施工总承包单位将建设工程发包或者分包给个人或者不具备合法经营资格的单位，导致拖欠农民工工资的，由建设单位或者施工总承包单位清偿。即使建设单位或者施工总承包单位把钱给了包工头，也可以继续要求建设单位或者施工总承包单位支付工资。

（2）如果工程挂靠在某劳务公司名下（包工头只是借用这个公司的名字来承包工程，其实工地上的管理、工程款等都是包工头的），劳动者可以直接去找包工头挂靠的劳务公司，要求其支付工资。

（3）如果包工头逃跑了，但工程款并没有和发包方、总承包方结算，劳动者可以将发包人、转包人和违法分包人一并起诉，争取尽快拿到工钱。

（4）如果劳动者没有掌握有力的证据，找用人单位或者发包方讨薪也没有十足把握，建议通过协商方式，先要求支付部分工资；待收集到相关证据后，可通过仲裁或诉讼要回全部的工资。

律师提醒

劳动者在进入工地时应注意提前收集证据，比如工地的发包承包信息、劳动者与包工头关于劳务费的约定等，一旦出现包工头卷款逃跑的情况，劳动者可以及时根据收集的证据进行维权。

111 被欠薪农民工申请法律援助有哪些便利条件？

根据《法律援助法》第四十二条的规定，申请支付劳动报酬或者请求工伤事故人身损害赔偿的进城务工人员，免予核查经济困难状况。

2019年4月，《司法部关于充分发挥职能作用 认真做好根治拖欠农民工工资有关工作的意见》中明确要求，各地要在“12348”公共法律服务热线电话设立根治欠薪服务专席，公共法律服务中心（站、室）根据条件设置专门窗口，确保农民工能及时得到法律咨询和法律援助。要开通农民工欠薪法律援助“绿色通道”，对欠薪农民工一律免于审查经济困难条件，简化审批手续，努力做到当天申请、当天受理、当天审批、当天指派律师提供法律援助。

律师提醒

农民工遇到合法权益受到侵害的情况时，要及时向当地法律援助机构寻求帮助，通过法律咨询、委托代理仲裁诉讼等方式，提高依法维权的时效性和精准度。申请法律援助时，需要按规定提交身份证明材料，同时提供与争议事项有关的证据材料。

女职工特殊权益保护篇

112 什么是女职工劳动保护？

女职工劳动保护，是针对女职工的生理特点而进行的特殊保护。它主要研究生产过程中劳动条件对女职工身体健康的影响及防止职业有害因素对女性生理机能的影响，以保护女职工能够健康持久地从事生产劳动，保障育龄女职工能够孕育健康的下一代。根据现行《宪法》《劳动法》《劳动合同法》《妇女权益保障法》《女职工劳动保护特别规定》等的相关规定，女职工劳动保护包括如下四个方面的内容：

（1）保护母性，即保护女性机能，如“四期”（经期、孕期、产期、哺乳期）保护。

（2）规定女职工的工作时间，如怀孕7个月以上及哺乳未满1周岁婴儿的女职工，用人单位不得安排加班加点或者夜班劳动等。

（3）禁止女职工从事危险有害作业。

（4）女性与男性有同等就业机会，同工同酬。

律师提醒

在法律上对女职工给予特殊保护，是由女职工的身体条件和所担负任务的特殊性决定的。

113 什么是女职工“四期”保护？

女职工“四期”保护是对女性生理机能变化过程即经期、孕期、产期、哺乳期的劳动保护。现行《劳动法》《劳动合同法》《妇女权益保障法》《女职工劳动保护特别规定》等均对此作出规定，主要包括用人单位不得因女职工怀孕、生育、哺乳而降低其工资、予以辞退、与其解除劳动合同或者聘用合同；不得安排经期、孕期、哺乳期女职工从事禁忌劳动范围的劳动；对孕期、哺乳期延长劳动时间和夜班劳动的限制；给予产假和哺乳假等规定。

律师提醒

产期保护包括正产，也包括小产（流产）。女职工怀孕流产的，其所在单位应当根据正规医疗机构的证明，给予一定时间的产假。

114 用人单位应采取哪些措施做好女职工劳动保护工作？

为切实做好女职工劳动保护工作，用人单位应当严格遵守国家有关劳动安全卫生的法律、法规，不得安排女职工从事禁忌劳动。要采取措施改善劳动安全卫生条件，加强对劳动安全卫生设备、设施的管理，加强对危险物品、危险源的管理，提供符合标准要求的劳动安全卫生防护用品，进行经常性的劳动安全卫生检查。要保障女职工的知情权，将本单位属于女职工禁忌从事的劳动范围的岗位，书面告知女职工。要对女职工进行劳动安全卫生知识培训，使女职工了解有关劳动安全卫生法律、法规和标准，掌握与本职工作相关的劳动卫生知识与技能，掌握符合劳动安全卫生要求的操作规程，学习正确使用劳动保护防护用品，掌握可能发生事故的应急救援措施，帮助女职工提高自我防护意识和技能。

律师提醒

职业场所是劳动保护的主要场所，因此，用人单位是保护女职工职业安全和健康的责任主体，《女职工劳动保护特别规定》规定了用人单位明确而严格的法律义务，包括职责性法律义务和禁止性法律义务。职责性法律义务主要包括用人单位应当采取措施改善女职工劳动安全卫生条件，对女职工进行劳动安全卫生知识培训。禁止性法律义务主要包括用人单位不得因女职工怀孕、生育、哺乳降低其工资、予以辞退、与其解除劳动或者聘用合同。

115 用人单位能否降低孕期、产期、哺乳期的女职工工资或在此期间与其解除劳动合同？

现行《劳动法》《劳动合同法》《妇女权益保障法》《女职工劳动保护特别规定》等均作出规定，为减轻女职工在怀孕、哺乳期间的经济压力和心理压力，确保母婴健康提供了法律保障。《女职工劳动保护特别规定》第五条明确规定，用人单位不得因女职工怀孕、生育、哺乳降低其工资、予以辞退、与其解除劳动或者聘用合同。根据《劳动合同法》第四十二条、第四十五条规定，如果劳动合同尚未到期，不存在双方协商一致解除或者该法第三十九条规定的六种情形之一的，处于孕期、产期、哺乳期的女职工没有主动提出解除、终止劳动合同的，用人单位不得辞退女职工或者与其解除、终止劳动合同。即使此时双方签订的劳动合同到期，劳动合同期限也应自动延长到孕期、产期、哺乳期结束。

律师提醒

用人单位不得无故与孕期、产期、哺乳期的女职工解除劳动合同，孕期、产期、哺乳期的女职工如遇无故解除劳动合同可以提起仲裁，要求用人单位支付违法解除劳动合同赔偿金或继续履行劳动合同。

116 女职工在经期可享受哪些特殊劳动保护？

女职工在经期，正常的生理机能和机体活动能力出现变化，身体防御能力暂时减弱，生理波动较大，作业能力下降，工作效率降低。经期的女职工可以照常劳动，但不能参加过重的体力劳动，不能参加高处、低温、冷水等作业。《女职工劳动保护特别规定》附录第二条规定了女职工在经期禁忌从事的劳动范围：

（1）冷水作业分级标准中规定的第二级、第三级、第四级冷水作业。

（2）低温作业分级标准中规定的第二级、第三级、第四级低温作业。

（3）体力劳动强度分级标准中规定的第三级、第四级体力劳动强度的作业。

（4）高处作业分级标准中规定的第三级、第四级高处作业。

律师提醒

根据《女职工保健工作规定》第七条规定，患有重度痛经及月经过多的女职工，经医疗或妇幼保健机构确诊后，经期可适当给予1—2天的休假。

117 女职工在孕期可享受哪些特殊劳动保护？

孕期主要指女性从受孕到产出胎儿的这段时间，通常为280天。女职工怀孕后，体内各系统的负担加重，劳动能力受到一定影响，因此，应当在劳动中获得特殊保护，以保证孕妇健康和胎儿的正常发育。

根据《女职工劳动保护特别规定》第六条第一款和第二款的规定，女职工在孕期不能适应原劳动岗位的，用人单位应当根据医疗机构的证明，予以减轻劳动量或者安排其他能够适应的劳动。对怀孕 7 个月以上的女职工，用人单位不得延长劳动时间或者安排夜班劳动，并应当在劳动时间内安排一定的休息时间。此外，用人单位不得安排怀孕女职工从事怀孕期间禁忌从事的劳动。

律师提醒

对怀孕 7 个月以上的女职工，用人单位不得安排其延长工作时间和夜班劳动是一个强制性规定，这一点不因用人单位支付加班加点工资而改变。如果用人单位违反了这一规定，根据《女职工劳动保护特别规定》第十三条规定，由县级以上人民政府人力资源社会保障行政部门责令限期改正，按照受侵害女职工每人 1000 元以上 5000 元以下的标准计算，处以罚款。

118 女职工生育享受多少天产假？

《女职工劳动保护特别规定》第七条规定：女职工生育享受 98 天产假，其中产前可以休假 15 天；难产的，增加产假15天；生育多胞胎的，每多生育1个婴儿，增加产假15天。女职工怀孕未满4个月流产的，享受15天产假；怀孕满4个月流产的，享受42天产假。

律师提醒

根据2021年修正的《人口与计划生育法》的相关规定，国家提倡适龄婚育、优生优育。一对夫妻可以生育三个子女。符合法律、法规规定条件的，可以要求安排再生育子女。具体办法由省、自治区、直辖市人民代表大会或者其常务委员会规定。符合法律、法规规定生育子女的夫妻，可以获得延长生育假的奖励或者其他福利待遇。

各地产假和男方护理假（陪产假）一览表

地区	产假	护理假（陪产假）
北京市	158天（经单位同意可再增加1至3个月）	15天
天津市	158天	15天
河北省	158天（生育第1个、第2个子女）；188天（生育第3个及以上子女）	15天
山西省	158天	15天

续 表

地区	产假	护理假（陪产假）
内蒙古自治区	158 天（生育第 1 个、第 2 个子女）；188 天（生育第 3 个及以上子女）	25 天
辽宁省	158 天	20 天
吉林省	180 天（经单位同意可延长至 1 年）	25 天
黑龙江省	180 天	15 天
上海市	158 天	10 天
江苏省	158 天	15 天
浙江省	158 天（生育第 1 个子女）；188 天（生育第 2 个、第 3 个子女）	15 天
安徽省	158 天	30 天
福建省	158 天至 180 天	15 天
江西省	188 天	30 天
山东省	158 天	15 天
河南省	98 天加 3 个月	1 个月
湖北省	158 天	15 天
湖南省	158 天	20 天
广东省	178 天	15 天
广西壮族自治区	158 天（生育第 1 个子女）；168 天（生育第 2 个子女）；178 天（生育第 3 个子女）	25 天

续 表

地区	产假	护理假（陪产假）
海南省	98 天加 3 个月	15 天
重庆市	178 天	20 天
四川省	158 天	20 天
贵州省	158 天	15 天
云南省	158 天	30 天
西藏自治区	1 年；1 年半（在海拔 4000 米以上地区或边境县工作的干部职工生育第 3 个子女）	30 天
陕西省	158 天；173 天（生育第 3 个子女）	15 天（异地 20 天）；生育第 3 个子女的 25 天（异地 30 天）
甘肃省	180 天	30 天
宁夏回族自治区	158 天	25 天
新疆维吾尔自治区	158 天	20 天

注：根据各地人口与计划生育条例整理（截至 2024 年 9 月）。

119 女职工生育或流产期间的工资如何支付？

《女职工劳动保护特别规定》第八条第一款规定：女职工产假期间的生育津贴，对已经参加生育保险的，按照用人单位上年度职工月平均工资的标准由生育保险基金支付；对未参加生育保险的，按照女职工产假前工资的标准由用人单位支付。

生育津贴不是产假工资。《女职工劳动保护特别规定》第五条明确规定，用人单位不得因女职工怀孕、生育、哺乳降低其工资。因此，女职工原工资水平高于生育津贴的，用人单位除发放生育津贴外，还应补足其工资。如果女职工的原工资水平低于生育津贴的，用人单位应将生育津贴全额发放，不得克扣。

律师提醒

如果女职工的生育津贴低于其正常工资，但用人单位不同意补足的，女职工可以通过仲裁，要求单位补足差额。

120 女职工生育和流产的医疗费用如何支付？

《女职工劳动保护特别规定》第八条第二款规定：女职工生育或者流产的医疗费用，按照生育保险规定的项目和标准，对已经参加生育保险的，由生育保险基金支付；

对未参加生育保险的，由用人单位支付。

律师提醒

女职工生育或流产后，由本人或所在用人单位持当地计划生育部门签发的计划生育证明，婴儿出生、死亡或流产证明，到当地社会保险经办机构办理手续，领取生育津贴和报销生育医疗费。

121 什么是生育保险？如何缴纳？

生育保险是国家通过立法，在劳动者因生育子女而暂时中断劳动时，由国家和社会及时给予物质帮助的一项社会保险制度。我国生育保险待遇主要包括两项：一是生育医疗待遇；二是生育津贴。生育保险是社会保障制度的重要内容之一，推行生育保险制度，可使我国的社会保险制度得以健全，使社会成员都能享受到社会发展的成果。

《社会保险法》第五十三条规定，职工应当参加生育保险，由用人单位按照国家规定缴纳生育保险费，职工不缴纳生育保险费。

律师提醒

根据2019年3月6日国务院办公厅印发的《关于全面推进生育保险和职工基本医疗保险合并实施的意见》，从2020年起，生育保险与职工医疗保险合并实施，但这并非取消生育保险，而是将生育保险与职工医疗保险统一参保登记、统一征缴和管理、统一医疗服务管理，减轻单位与个人负担。生育保险费用实行社会统筹，合并之后，用人单位仍然要缴纳生育保险费，缴费比例一般为本单位职工工资总额的0.5%—1%。

122 生育保险待遇主要包括哪些内容？哪些人可以享受生育保险待遇？

生育保险待遇包括生育医疗费用和生育津贴。

生育医疗费用包括下列几项：（1）生育的医疗费用；（2）计划生育的医疗费用；（3）法律、法规规定的其他项目费用。

职工有下列情形之一的，可以按照国家规定享受生育津贴：（1）女职工生育享受产假；（2）享受计划生育手术休假；（3）法律、法规规定的其他情形。

律师提醒

生育医疗费用的范畴包括检查费、接生费、手术费、住院费和医药费等，这些均可由生育保险基金支付。但要注意，这部分费用有限额规定，超出限额的部分需要职工自己承担。

123 女职工在哺乳期内用人单位不得安排其从事哪些劳动？

女职工生育至哺乳期内，身体恢复需要一定的时间，同时承担着哺乳婴儿的责任，为此，《女职工劳动保护特别规定》第九条第一款规定，对哺乳未满1周岁婴儿的女职工，用人单位不得延长劳动时间或者安排夜班劳动。

女职工在哺乳期内禁忌从事的劳动范围有：

（1）作业场所空气中铅及其化合物、汞及其化合物、苯、镉、铍、砷、氰化物、氮氧化物、一氧化碳、二硫化碳、氯、己内酰胺、氯丁二烯、氯乙烯、环氧乙烷、苯胺、甲醛等有毒物质浓度超过国家职业卫生标准的作业。

（2）非密封源放射性物质的操作，核事故与放射事故的应急处置。

（3）体力劳动强度分级标准中规定的第三级、第四级体力劳动强度的作业。

（4）作业场所空气中锰、氟、溴、甲醇、有机磷化合物、有机氯化合物等有毒物质的浓度超过国家职业卫生标准的作业。

律师提醒

由于女职工在身体结构和生理特点上都与男职工存在很大差别，这决定了女职工在一定情况下不宜从事特别繁重和较大强度的体力劳动，否则，会引发疾病，影响身体健康，甚至影响下一代的健康成长。

124　招聘环节中的就业性别歧视行为有哪些？

根据《妇女权益保障法》第四十三条的规定，招聘环节中的就业性别歧视主要有以下几种情形：

（1）限定为男性或者规定男性优先，国家规定的女职工禁忌劳动范围等情况除外；（2）除个人基本信息外，进一步询问或者调查女性求职者的婚育情况；（3）将妊娠测试作为入职体检项目；（4）将限制结婚、生育或者婚姻、生育状况作为录（聘）用条件；（5）其他以性别为由拒绝录（聘）用妇女或者差别化地提高对妇女录（聘）用标准的行为。

律师提醒

《就业促进法》第六十二条规定："违反本法规定实施就业歧视的，劳动者可以向人民法院提起诉讼。"在招聘阶段用人单位与求职者尚未建立劳动关系，因此单位有性别歧视行为的，求职者可以直接以侵权之诉为由起诉至法院，不必经过劳动仲裁。

125 劳动合同履行过程中的就业歧视行为有哪些？

劳动合同履行过程中也可能会出现就业歧视，根据《妇女权益保障法》第四章劳动和社会保障权益的相关规定，主要表现为以下形式：由于性别原因而获得较少的职业发展机会、较低的薪酬和福利待遇，未能获得法律规定的生育保护和社会保障，以及遭遇职场暴力和性骚扰，等等。此外，在裁员、解雇等方面，女职工还可能因为就业歧视而遭遇差别待遇。

律师提醒

女职工在工作阶段遭遇性别歧视的，比如在怀孕期间被辞退的，可以向工会投诉，也可以向劳动监察部门举报，或者提起劳动仲裁。

126 遇到就业歧视，劳动者如何举证？

遭遇就业歧视引发纠纷的，劳动者在不同阶段的举证责任是不同的：

（1）在招聘求职阶段遭遇就业歧视的，求职者可以以“平等就业权纠纷”为由直接向法院起诉。但是，由于这一纠纷是属于侵权之诉，因此原告需要按照“谁主张谁举证”的证据规则，证明就业歧视行为符合侵权行为的构成要件。

（2）在劳动合同履行、解除阶段，由于劳动者与用人单位已建立劳动关系，因此，因就业歧视而遭遇违法辞退、降薪等而提出的仲裁、诉讼中，用人单位应当承担举证责任，证明其并无就业歧视的违法行为。

律师提醒

求职者遭遇就业歧视难以维权的一个重要原因，就在于举证责任对原告不利。因此，求职者在意识到自己遭遇就业歧视后，及时保留证据是非常重要的，比如，可以保存面试的录音、面试评估表、职位招聘广告、笔试、技能测试成绩单以及邮件等，以备维权所需。

127　遭遇职场性骚扰劳动者可以通过哪些途径维权？

人力资源社会保障部、国家卫生健康委员会等六部门联合印发的《消除工作场所性骚扰制度》中，对职场性骚扰定义为："违反他人意愿，以语言、表情、动作、文字、图像、视频、语音、链接或其他任何方式使他人产生与性有关联想的不适感的行为，无论行为实施者是否具有骚扰或其他任何不当目的或意图。"职场性骚扰通常有两种类型：一种是交换型性骚扰，骚扰者，如单位上级领导或公司主管等，利用职权或职务之便提出性方面的要求，以此作为受骚扰者获得与工作有关的机会或待遇的交换条件；另一种是敌意工作环境型的性骚扰，任何人以具有性意味的言辞或行为，造成他人处于敌意性、胁迫性或冒犯性的工作环境，即使行为不针对任何特定职工，但造成一种性别不友好的工作环境或文化，也可能构成性骚扰。

《妇女权益保障法》第二十三条规定："禁止违背妇女意愿，以言语、文字、图像、肢体行为等方式对其实施性骚扰。受害妇女可以向有关单位和国家机关投诉。接到投诉的有关单位和国家机关应当及时处理，并书面告知处理结果。受害妇女可以向公安机关报案，也可以向人民法院提起民事诉讼，依法请求行为人承担民事责任。"根据上述规定，劳动者遭遇职场性骚扰的，可以有以下几种维权途径：

（1）向有关单位和国家机关投诉。劳动者可以直接告知上级主管领导或单位的党委纪检部门、组织人事部门、工会或者性骚扰专门处理机构。

（2）向公安机关报案。根据《治安管理处罚法》第四十二条规定："有下列行为之一的，处五日以下拘留或者五百元以下罚款；情节较重的，处五日以上十日以下拘留，可以并处五百元以下罚款：……（五）多次发送淫秽、侮辱、恐吓或者其他信息，干扰他人正常生活的。"第四十四条规定："猥亵他人的，或者在公共场所故意裸露身体，情节恶劣的，处五日以上十日以下拘留。"由公安机关对性骚扰实施者给予治安管理处罚。如果性骚扰行为符合《刑法》第二百三十七条的规定："以暴力、胁迫或者其他方法强制猥亵他人或者侮辱妇女的，处五年以下有期徒刑或者拘役。聚众或者在公共场所当众犯前款罪的，或者有其他恶劣情节的，处五年以上有期徒刑。”则行为人可能要承担刑事责任。

（3）向人民法院起诉。根据《民法典》第一千零一十条、《妇女权益保障法》第二十三条、《女职工劳动保护特别规定》第十一条的规定，劳动者可以收集性骚扰证据，向法院提起侵权诉讼。2018 年 12 月 12 日最高人民法院在《最高人民法院关于增加民事案件案由的通知》中增加了“性骚扰损害责任纠纷”这一新的案由。对于职场性骚扰行为，职工可以此为案由向人民法院提起诉讼。

律师提醒

在追究性骚扰行为人的民事责任案件中，根据“谁主张谁举证”的原则，原告应当提交被告实施了性骚扰行为的证据。因此，证据收集和保存是非常重要的。受害人可以收集的证据包括：电子证据，如微信聊天记录、电子邮件记录、短信记录、通话记录等；视听证据，如图片、录音、录像、监控等；证人证言，如单位相关同事的证言；物证；第三方证据，如报警记录、单位的调查笔录等。

新就业形态劳动者劳动保障权益维护篇

128 什么是符合确立劳动关系情形的劳动者？

符合确立劳动关系情形的劳动者即《劳动法》意义上的劳动者，即年满16周岁、具有劳动能力、与用人单位建立劳动关系的自然人。相比于传统的就业形态，新就业形态下的用工关系更为灵活，工作方式上更自主、用工时间上更自由。但是，这并不意味着新就业形态劳动者就是自由职业者，与企业之间不存在劳动关系。根据原劳动和社会保障部《关于确立劳动关系有关事项的通知》第一条的规定，用人单位招用劳动者未订立书面劳动合同，但同时具备下列情形的，劳动关系成立：（1）用人单位和劳动者符合法律、法规规定的主体资格；（2）用人单位依法制定的各项劳动规章制度适用于劳动者，劳动者受用人单位的劳动管理，从事用人单位安排的有报酬的劳动；（3）劳动者提供的劳动是用人单位业务的组成部分。

在新就业形态下，符合确立劳动关系情形主要有以下三种情况：

（1）劳动者与平台企业签订劳动合同，或者未签订劳动合同，但符合上述条件的，双方形成事实劳动关系，存在劳动关系。

（2）劳动者从事平台企业所安排的工作任务，与平台企业的外包、承揽、代理商、加盟合作企业、劳务派遣企业等签订劳动合同，并受其用工管理的，劳动者与上述企业建立劳动关系。虽未签订劳动合同，但符合《关于确立劳动关系有关事项的通知》中的相关条件的，双方同样存在劳动关系。

（3）其他依托互联网平台用工，符合《关于确立劳动关系有关事项的通知》规定情形的。

新业态用工虽然在形式上实行“数字管理”，但如果其实质上与传统的从属性劳动没有本质差异，比如企业雇用劳动者后，以“派单”的方式指令劳动者在特定时间、特定区域从事特定劳动，劳动者需遵守企业制定的规则，并通过劳动获得企业支付的劳动报酬，那么，双方仍然存在劳动关系。

律师提醒

对于符合确立劳动关系情形的劳动者，企业应当遵守现行《劳动法》《劳动合同法》《社会保险法》等相关规定，依法与劳动者订立劳动合同，保障劳动者的合法权益。

129 什么是不完全符合确立劳动关系情形的劳动者？

2021 年 7 月，人力资源社会保障部等八部门联合发布《关于维护新就业形态劳动者劳动保障权益的指导意见》（人社部发〔2021〕56 号），首次提出了不完全符合确立劳动关系情形的劳动者概念，即不完全符合确立劳动关系情形但企业对劳动者进行劳动管理的，指导企业与劳动者订立书面协议，合理确定企业与劳动者的权利义务。具体来说，这类劳动者有较强的工作安排自主权，但其在线工作要接受平台规则的管理或算法约束并获取劳动报酬。

在北京市 2021 年发布的《关于促进新就业形态健康发展的若干措施》（京就发〔2021〕3 号）中，将此类劳动者定义为“平台网约劳动者”，即依托互联网平台，与平台企业不完全符合确立劳动关系情形，根据平台规则完成工作和接受劳动管理，获取劳动报酬的劳动者。

这一类劳动者是新就业形态劳动者中大家最为关注的。以外卖送餐员为例，在送餐员中有众包骑手，可能在一家平台注册送餐，也可能在多家平台注册送餐，虽然在送餐过程中骑手要遵守平台的规则，但是，具体在什么区域送餐、选择何时送餐等，这些都是骑手可以自己决定的。因此，在这种情形下，骑手与平台之间在人身和组织从属性上就相对较弱，不如完全劳动关系那么强，这就是不完全符合确立劳动关系情形的劳动者。

律师提醒

不完全符合确立劳动关系情形不是平等的民事关系，虽然劳动者的工作有一定的自主性，但受平台的算法和劳动规则管理。因此，平台企业要与劳动者订立书面协议，通过协议明确双方的权利义务，双方按照《关于维护新就业形态劳动者劳动保障权益的指导意见》的要求承担相应责任。

130 什么是依托平台从事自由职业的劳动者？

《关于维护新就业形态劳动者劳动保障权益的指导意见》中对依托平台从事自由职业的劳动者的界定是，个人依托平台自主开展经营活动、从事自由职业等，按照民事法律调整双方的权利义务。即劳动者仅仅是依托平台企业提供的信息和场景，自主开展经营活动，获取营业收入，自负盈亏，与平台企业未形成管理与被管理关系。比如，依托互联网平台从事策划、咨询，或者利用空闲时间依托平台完成一个短期工作，等等。在这种情形下，平台与劳动者之间建立的就是民事法律关系，比如承揽合同关系。

律师提醒

个人依托平台自主开展经营活动、从事自由职业等，按照民事法律调整双方的权利义务。

131 符合确立劳动关系的劳动者享有哪些权利？

符合确立劳动关系的劳动者享有现行《劳动法》《劳动合同法》《社会保险法》等法律规定所赋予的权利，主要包括：

（1）平等就业权。现行《劳动法》第十二条规定，劳动者就业不因民族、种族、性别、宗教信仰不同而受歧视。《妇女权益保障法》还对妇女的平等就业权作了特别强调，即妇女享有与男子平等的就业权利，在录用职工时，除国家规定的不适合妇女的工种或者岗位外，不得以性别为由拒绝录用妇女或者提高对妇女的录用标准。在录用女职工时，不得在劳动合同中限制女职工结婚、生育的权利。在晋级、晋职、评定专业技术职称和职务、培训等方面，不得歧视妇女。此外，用人单位还应根据国家有关政策接收有劳动能力的残疾人就业。

（2）获取劳动报酬权。用人单位应该按时、足额支付工资。工资是指用人单位依据国家有关规定或劳动合同的约定，以货币形式直接支付给本单位劳动者的劳动报酬，一般包括计时工资、计件工资、奖金、津贴和补贴、延长工作时间的工资报酬以及特殊情况下支付的工资等。

（3）休息休假权。《劳动法》及相关行政法规规定，劳动者每日工作时间不超过 8 小时，平均每周工作时间不超过 40 小时。根据人力资源社会保障部发布的《我国法定年节假日等休假相关标准》，劳动者的休息休假有以下 5 种：休息日、法定年节假日、年休假、探亲假以及婚丧假。

（4）获得劳动安全卫生保护权。用人单位必须建立、健全劳动安全卫生制度，严格执行国家劳动安全卫生规程和标准，对劳动者进行安全卫生教育和健康检查，防止劳动过程中发生事故，减少职业危害，职业病患者有权要求及时治疗并调离原岗位。

（5）享受社会保险权和生活福利权。享受社会保险权和生活福利权，是指劳动者因年老、疾病、失业、工伤、生育等原因而失去劳动能力或者劳动机会因而没有正常的劳动收入来源时，其本人及家庭从社会获得物质帮助和补偿的一种权利。根据《劳动法》第七十三条规定，劳动者在以下情形下依法享受社会保险待遇：退休、患病、负伤、因工伤残或者患职业病、失业、生育。劳动者死亡后，其遗属依法享受遗属津贴。

（6）接受职业培训权。用人单位应当建立职业培训制度，根据本单位的实际情况有计划地对劳动者进行职业培训。从事技术工种的劳动者，上岗前必须经过培训。

（7）参加工会权。工会代表并维护劳动者的合法权益，依法独立自主地开展活动。通过参加工会组织，劳动者可以团结起来增强力量，更有效地维护自己的权利。

（8）依法解除劳动合同的权利。根据《劳动法》和《劳动合同法》的规定，劳动者解除劳动合同，应当提前30日并以书面形式通知用人单位。因此，劳动者只要提前30日并以书面形式告知用人单位，即可以解除劳动合同。

（9）提请劳动争议处理的权利。劳动者与用人单位发生劳动争议后，劳动者可以与用人单位协商，也可以依法申请调解、仲裁，还可提起诉讼。

律师提醒

劳动者享有的各项权利都由法律法规保障，劳动者应当积极、善意地行使自己的各项权利。

132 什么是公平就业权？

公平就业权，是指达到法定就业年龄、具有劳动能力的劳动者在劳动力市场上享有在平等条件下获得就业的权利，不因民族、种族、性别、宗教信仰的不同而遭受歧视。《劳动法》第十二条规定：劳动者就业，不因民族、种族、性别、宗教信仰不同而受歧视。第十三条规定：妇女享有与男子平等的就业权利。在录用职工时，除国家规定的不适合妇女的工种或者岗位外，不得以性别为由拒绝录用妇女或者提高对妇女的录用标准。《就业促进法》第三条也规定，劳动者依法享有平等就业和自主择业的权利。劳动者就业，不因民族、种族、性别、宗教信仰等不同而受歧视。《关于维护新就业形态劳动者劳动保障权益的指导意见》中也规定，企业招用劳动者不得违法设置性别、民族、年龄等歧视性条件，不得以缴纳保证金、押金或者其他名义向劳动者收取财物。

公平就业权不仅是劳动者享有的基本劳动权利，还是一项基本的民事权利。劳动者享有公平就业权是其人格独立和意志自由的表现，侵害劳动者公平就业权不仅侵害了其就业的权利，还侵害了其人格权和人格尊严，对其精神健康甚至身体健康造成损害。如果用人单位因就业歧视侵犯了劳动者的公平就业权，由于双方尚未建立劳动关系，因此劳动者无法寻求劳动权利救济，但因该行为的民事侵权性质，劳动者可以提起民事诉讼，寻求民事侵权救济。《就业促进法》第六十二条规定：违反本法规定，实施就业歧视的，劳动者可以向人民法院提起诉讼。

律师提醒

劳动者因遭遇就业歧视而提起诉讼的，应当提前准备好相关证据，比如用人单位在招聘中出现的歧视性语言、歧视性标准等。针对妇女的就业歧视，根据《妇女权益保障法》第七十七条的规定，女性劳动者还可以向检察机关寻求帮助，由检察机关依法提起公益诉讼。

133 被派遣劳动者享有哪些权利？

在新就业形态中，平台企业为了“切断”与劳动者之间的劳动关系，有的选择了劳务派遣的用工方式，即平台企业与劳务派遣公司签订劳务派遣协议，劳务派遣公司将劳动者派遣至平台工作。在这种用工模式下，劳务派遣公司虽然是劳动者的用人单位，但劳动者却是为平台企业提供劳动。根据《劳动合同法》第五十七条至第六十七条、《劳务派遣暂行规定》等的相关内容，派遣单位与用工单位均应当履行对劳动者的义务。具体而言，被派遣劳动者享有的权利如下：

（1）签订劳动合同的权利。劳务派遣单位应当与劳动者根据《劳动合同法》的要求签订两年以上的固定期限劳动合同，劳动合同应当载明被派遣劳动者的用工单位以及派遣期限、工作岗位等情况。未征得被派遣劳动者的同意，派遣单位不得对劳动合同条款单方面变更。

（2）仅限于在临时性、辅助性或者替代性工作岗位上工作的权利。用工单位只能在临时性、辅助性或者替代性的工作岗位上使用被派遣劳动者。临时性工作岗位是指存续时间不超过6个月的岗位；辅助性工作岗位是指为主营业务岗位提供服务的非主营业务岗位；替代性工作岗位是指用工单位的劳动者因脱产学习、休假等原因无法工作的一定期间内，可以由其他劳动者替代工作的岗位。

（3）无工作期间获得报酬的权利。被派遣劳动者在无工作期间，劳务派遣单位应当按照所在地的最低工资标准，向其按月支付报酬。

（4）获知劳务派遣协议的权利。劳务派遣单位派遣劳动者应当与接受以劳务派遣形式用工的单位订立劳务派遣协议。劳务派遣协议应当约定派遣岗位和人员数量、派遣期限、劳动报酬和社会保险费的数额与支付方式以及违反协议的责任。劳务派遣单位应当将劳务派遣协议的内容告知被派遣劳动者。

（5）不得被克扣劳动报酬的权利。劳务派遣单位不得克扣用工单位按照劳务派遣协议支付给被派遣劳动者的劳动报酬。

（6）不得被收取费用的权利。劳务派遣单位和用工单位不得向被派遣劳动者收取费用。

（7）不得被用工单位再派遣的权利。用工单位不得将被派遣劳动者再派遣到其他用人单位。

（8）同工同酬的权利。被派遣劳动者享有与用工单位的劳动者同工同酬的权利。用工单位无同类岗位劳动者的，参照用工单位所在地相同或者相近岗位劳动者的劳动报酬确定。

（9）参加工会的权利。被派遣劳动者有权在劳务派遣单位或者用工单位依法参加或者组织工会，维护自身的合法权益。

（10）被解除、终止劳动合同后依法获得补偿的权利。劳务派遣单位或者被派遣劳动者依法解除、终止劳动合同的，劳务派遣单位应当按照《劳动合同法》的标准支付经济补偿。

（11）要求劳务派遣单位和用工单位承担连带赔偿责任的权利。劳务派遣单位或者用工单位违反《劳动合同法》的规定，给被派遣劳动者造成损害的，劳务派遣单位与用工单位承担连带赔偿责任。用工单位给被派遣劳动者造成损害的，劳务派遣单位与用工单位承担连带赔偿责任。

（12）接受安全生产教育和培训的权利。根据《安全生产法》的相关规定，生产经营单位应当对从业的劳务派遣职工进行安全生产教育和培训，保证其具备必要的安全生产知识，熟悉有关的安全生产规章制度和安全操作规程，掌握本岗位的安全操作技能，了解事故应急处理措施，知悉自身在安全生产方面的权利和义务。未经安全生产教育和培训合格的从业人员，不得上岗作业。

律师提醒

平台企业只能在临时性、辅助性或者替代性的工作岗位上使用被派遣劳动者，并依法履行劳务派遣用工单位责任。

134 新就业形态劳动者应该签订什么样的书面协议？

2023年2月，人力资源社会保障部办公厅印发了《新就业形态劳动者劳动合同和书面协议订立指引（试行）》（以下简称《指引》），对新就业形态劳动者与平台企业、平台用工合作企业订立劳动合同、书面协议提供了参考。

《指引》第四条规定：企业要根据用工事实和劳动管理程度，综合考虑新就业形态劳动者对工作时间及工作量的自主决定程度、劳动过程受管理控制程度、是否需要遵守有关工作规则和劳动纪律及奖惩办法、工作的持续性、能否决定或者改变交易价格等因素，与符合确立劳动关系情形的新就业形态劳动者订立劳动合同，与不完全符合确立劳动关系情形的新就业形态劳动者订立书面协议。

根据《指引》第五条至第十五条的规定，签订劳动合同、书面协议应当符合以下条件：

（1）企业与新就业形态劳动者订立劳动合同、书面协议，要遵循合法、公平、平等自愿、协商一致、诚实信用的原则。

（2）企业要如实告知新就业形态劳动者与完成平台网约服务有关的情况，有权了解新就业形态劳动者与订立劳动合同或书面协议直接相关的基本情况，新就业形态劳动者应如实说明。

（3）劳动合同、书面协议由企业与新就业形态劳动者协商一致，并经双方签字或者盖章后生效。采用纸质形式订立的，由企业和劳动者各执一份；采用电子形式订立的，应当符合法定要件，企业要确保劳动者可以使用常用设备随时查看、下载、打印完整内容。

（4）依法订立的劳动合同、书面协议具有约束力，各方应当按照约定全面履行各自的义务。变更劳动合同、书面协议以及企业修订与履行劳动合同、书面协议直接相关的制度规则和平台算法，要符合法律法规和有关政策规定。

（5）企业应当与符合确立劳动关系情形的新就业形态劳动者依法订立劳动合同，不得以诱导、欺诈、胁迫等方式与新就业形态劳动者订立书面协议等减损劳动者权益。已建立劳动关系，未同时订立劳动合同的，企业应当自用工之日起一个月内与劳动者订立劳动合同。劳动合同应当明确用人单位和劳动者的基本信息、劳动合同期限、工作内容和工作地点、工作时间和休息休假、劳动报酬、社会保险、劳动保护等事项，可以约定试用期、培训、福利待遇等其他事项。

（6）平台企业采取合作用工方式，由平台用工合作企业招用劳动者并组织其提供平台网约服务的，可与平台用工合作企业就保障劳动者权益签订专项协议或在合作协议中明确各自应承担的责任。平台用工合作企业要向劳动者如实说明与平台企业约定的涉及劳动者切身利益的事项，可将与平台企业订立的保障劳动者权益的专项协议作为订立劳动合同的附件。

（7）平台企业与不完全符合确立劳动关系情形的新就业形态劳动者订立书面协议，可以在劳动者注册平台个人账户时订立，也可以在劳动者执行工作任务前订立。书面协议的内容一般包括平台企业和劳动者的基本信息、订单推送与确认、报酬、服务时间与休息、职业保障以及协议的变更、解除和违约责任、争议解决等事项。

（8）平台企业委托经营性人力资源服务机构为不完全符合确立劳动关系情形的新就业形态劳动者提供人力资源管理服务的，经营性人力资源服务机构可以作为第三方，与平台企业、新就业形态劳动者协商订立三方书面协议，在协议中明确其受平台企业委托承担的人力资源管理和服务职责。订立三方书面协议，不改变平台企业应当承担的用工主体责任。

律师提醒

由于自由职业者只是依托平台促成工作机会，与平台之间形成居间合同关系，与服务方形成劳务、承揽关系，因此，平台自由职业者应当分别与平台企业、接受服务方签订居间合同、劳务/承揽合同。

135　非全日制工享有哪些权利？

《劳动合同法》第六十八条规定：非全日制用工，是指以小时计酬为主，劳动者在同一用人单位一般平均每日工作时间不超过 4 小时，每周工作时间累计不超过 24 小时的用工形式。在新就业形态下劳动用工相对比较灵活，如果劳动者符合非全日制用工的条件，就可以享有以下权利：

（1）可以订立口头合同。《劳动合同法》第六十九条第一款规定：非全日制用工双方当事人可以订立口头协议。不必签订书面劳动合同。

（2）可以与多个用人单位建立劳动关系。根据《劳动合同法》第六十九条第二款的规定，从事非全日制用工的劳动者可以与一个或者一个以上用人单位订立劳动合同；但是，后订立的劳动合同不得影响先订立的劳动合同的履行。

（3）不约定试用期。《劳动合同法》第七十条规定：非全日制用工双方当事人不得约定试用期。

（4）可以随时通知对方终止用工。《劳动合同法》第七十一条规定：非全日制用工双方当事人任何一方都可以随时通知对方终止用工。终止用工，用人单位不向劳动者支付经济补偿。

（5）工资结算周期最长不得超过15日。《劳动合同法》第七十二条规定：非全日制用工小时计酬标准不得低于用人单位所在地人民政府规定的最低小时工资标准。非全日制用工劳动报酬结算支付周期最长不得超过十五日。

律师提醒

平台企业与非全日制劳动者建立劳动关系的，可以订立口头协议，不得约定试用期。

136　劳动报酬应该怎样发放?

根据《关于维护新就业形态劳动者劳动保障权益的指导意见》《新就业形态劳动者休息和劳动报酬权益保障指引》以及其他相关法律政策对于新就业形态劳动者的权益保障规定，对其劳动报酬的发放应当符合以下要求。

（1）劳动者提供正常劳动的，其获得的劳动报酬不得低于当地最低工资标准。《最低工资规定》第三条规定："本规定所称最低工资标准，是指劳动者在法定工作时间或依法签订的劳动合同约定的工作时间内提供了正常劳动的前提下，用人单位依法应支付的最低劳动报酬。本规定所称正常劳动，是指劳动者按依法签订的劳动合同约定，在法定工作时间或劳动合同约定的工作时间内从事的劳动。劳动者依法享受带薪年休假、探亲假、婚丧假、生育（产）假、节育手术假等国家规定的假期间，以及法定工作时间内依法参加社会活动期间，视为提供了正常劳动。"

《新就业形态劳动者休息和劳动报酬权益保障指引》第八条规定："不完全符合确立劳动关系情形但企业对劳动者进行劳动管理的新就业形态劳动者，适用劳动者实际工作地人民政府规定的小时最低工资标准。"第十三条规定："符合确立劳动关系情形的新就业形态劳动者，休息和适用最低工资标准等按照《中华人民共和国劳动法》《最低工资规定》等法律法规规章执行。"

（2）不得克扣或无故拖欠工资。《工资支付暂行规定》第十五条明确规定："用人单位不得克扣劳动者工资。"第十六条规定了用人单位可以从劳动者工资中扣除赔偿的法定条件："因劳动者本人原因给用人单位造成经济损失的，用人单位可按照劳动合同的约定要求其赔偿经济损失。经济损失的赔偿，可从劳动者本人的工资中扣除。但每月扣除的部分不得超过劳动者当月工资的20%。若扣除后的剩余工资部分低于当地月最低工资标准，则按最低工资标准支付。"第十八条规定，对用人单位克扣或者无故拖欠劳动者工资的，要求"由劳动行政部门责令其支付劳动者工资和经济补偿，并可责令其支付赔偿金"。

《新就业形态劳动者休息和劳动报酬权益保障指引》第十一条规定："企业应按时足额支付新就业形态劳动者劳动报酬，不得克扣或无故拖欠。企业支付劳动报酬时，应向劳动者提供本人的劳动报酬清单。"

（3）劳动者在法定节假日工作的，应当获得高于正常工作时间劳动报酬的合理报酬。《新就业形态劳动者休息和劳动报酬权益保障指引》第九条规定："新就业形态劳动者在法定节假日工作的，企业应向劳动者支付高于正常工作时间劳动报酬的合理报酬。”

（4）劳动报酬应当以法定货币支付。《工资支付暂行规定》第五条规定：“工资应当以法定货币支付，不得以实物及有价证券替代货币支付。”《新就业形态劳动者休息和劳动报酬权益保障指引》第十条也规定：“企业要以货币形式将劳动报酬支付给新就业形态劳动者本人，不得以实物及有价证券替代货币支付。”

律师提醒

平台针对网约劳动者制定的各种罚款规则，如送达迟延罚款、被顾客投诉罚款、未提前通知离职罚款等，可能属于违反劳动法律法规的行为，其实质都是克扣工资。劳动者有权要求企业补发工资，并向劳动保障监察部门投诉。

137 怎样切实保障新就业形态劳动者的休息权利？

《劳动法》第三十六条规定：“国家实行劳动者每日工作时间不超过八小时、平均每周工作时间不超过四十四小时的工时制度。”（《国务院关于修改〈国务院关于职工工作时间的规定〉的决定》已将每周工作时间缩短为40小时）第四十一条规定：“用人单位由于生产经营需要，经与工会和劳动者协商后可以延长工作时间，一般每日不得超过一小时；因特殊原因需要延长工作时间的，在保障劳动者身体健康的条件下延长工作时间每日不得超过三小时，但是每月不得超过三十六小时。”新就业形态劳动者虽然工作时间相对灵活，但其劳动报酬都是根据平台企业制定的薪酬计件制、时薪制等规则支付，劳动者的收入水平高度依赖工作时长，这导致新就业形态劳动者常常处于超时工作状态，而工作时间过长会导致劳动者过劳，长期过劳则会带来身体上的损害。无论是符合确立劳动关系情形的劳动者，还是不完全符合确立劳动关系情形的劳动者，都应确保其休息休假的权利。为此，《关于维护新就业形态劳动者劳动保障权益的指导意见》要求推动行业明确劳动定员定额标准，科学确定劳动者工作量和劳动强度。《新就业形态劳动者休息和劳动报酬权益保障指引》中也对新就业形态劳动者的工作时间和休息权利进行了规定。

切实保障劳动者的休息休假权利，应当注意以下方面：

（1）科学确定劳动者工作量和劳动强度。《新就业形态劳动者休息和劳动报酬权益保障指引》第三条规定：

“企业要制定完善新就业形态劳动者休息办法，科学确定劳动者工作量和劳动强度，确保劳动者获得必要休息时间，防止劳动者过度劳动，保障劳动者身体健康。”《关于落实网络餐饮平台责任切实维护外卖送餐员权益的指导意见》规定“优化平台派单机制，切实保障劳动安全”“对于连续送单超过 4 小时的，系统发出疲劳提示，20 分钟内不再派单”。

《关于加强交通运输新业态从业人员权益保障工作的意见》规定“保障从业人员获得合理休息”，要求网约车平台企业科学确定驾驶员工作时长和劳动强度，保障其有足够的休息时间。督促网约车平台企业持续优化派单机制，提高车辆在线服务期间的运营效率，不得以冲单奖励等方式引诱驾驶员超时劳动。

（2）合理确定劳动者连续最长接单时间和每日最长工作时间。《新就业形态劳动者休息和劳动报酬权益保障指引》第四条规定：“新就业形态劳动者每日工作时间包括当日累计接单时间和适当考虑劳动者必要的在线等单、服务准备、生理需求等因素确定的宽放时间。企业明确要求新就业形态劳动者在线时间或在指定时间前往指定场所接受常规管理的，企业要求的在线时间和线下接受常规管理时间计入工作时间。接单时间是指劳动者自执行订单任务时起至完成任务时止的全部时间。劳动者同一时间接两个及以上订单，接单时间不重复计算。劳动者因作业性质和特点，在接单时间内执行订单任务期间可获得连续较长休息时间的，该休息时间可不计入工作时间。宽放时间由企业与工会或新就业形态劳动者代表结合行业实际，平等协商合理确定。”第五条规定：“企业与工会或新就业形态劳动者代表要根据法律法规精神和行业管理规定，结合行业特点和企业实际，平等协商合理确定新就业形态劳动者连续最长接单时间和每日最长工作时间。劳动者达到连续最长接单时间和每日最长工作时间的，系统应推送休息提示，并停止推送订单一定时间。若劳动者当时正在执行订单任务过程中，从该订单任务完成后开始计算停止推送订单时长。”

律师提醒

平台企业应当科学确定劳动者的工作量和工作强度，确保劳动者的休息权利；区域性行业性工会为新业态从业人员享受休息权提供社会化服务机制。

138 新就业形态劳动者享有哪些劳动安全卫生保护的权利？

《安全生产法》第四条第二款规定：平台经济等新兴行业、领域的生产经营单位应当根据本行业、领域的特点，建立健全并落实全员安全生产责任制，加强从业人员安全生产教育和培训，履行本法和其他法律、法规规定的有关安全生产义务。《关于维护新就业形态劳动者劳动保障权益的指导意见》也规定，企业要牢固树立安全“红线”意识，不得制定损害劳动者安全健康的考核指标。要严格遵守安全生产相关法律法规，落实全员安全生产责任制，建立健全安全生产规章制度和操作规程，配备必要的劳动安全卫生设施和劳动防护用品，及时对劳动工具的安全和合规状态进行检查，加强安全生产和职业卫生教育培训，重视劳动者身心健康，及时开展心理疏导。强化恶劣天气等特殊情形下的劳动保护，最大限度减少安全生产事故和职业病危害。

保障劳动者的劳动安全卫生保护的权利，应注意以下四个方面：

（1）不得制定损害劳动者安全健康的考核指标。平台应当合理确定订单数量、在线率等考核要素，适当放宽配送时限，不得通过算法等手段侵害劳动者的正当权益。

在外卖算法系统，某些平台企业利用算法设置外卖送餐员的配送时间，送餐时间被压缩得越来越短，外卖送餐员为了在时限内完成送餐，违反交通规则的情形时有发生，对外卖送餐员的生命健康造成严重威胁。配送时间压缩到极限值、订单量和在线率的不合理要求，都是损害劳动者安全健康的考核指标。《关于落实网络餐饮平台责任切实维护外卖送餐员权益的指导意见》提出优化平台派单机制，切实保障劳动安全，要求网络餐饮平台要发挥数据技术优势，进一步完善订单分派机制，优化外卖送餐员往返路线，降低劳动强度。科学确定订单饱和度，向外卖送餐员分派发单量时，要充分考虑安全因素。

（2）建立健全安全生产规章制度和操作规程。新就业形态劳动者的职业安全主要通过技术和算法来保障。比如，外卖送餐员为了不被系统除名、不影响站点数据，不得不选择铤而走险，经常性地违反交规、频繁发生伤亡事故，这一现象引发社会对平台企业的广泛关注和批评。

对于快递行业，国家邮政局 2016 年 2 月发布了《快递安全生产操作规范》，要求快递服务组织在制定安全生产管理制度、开展日常安全管理等活动时，应优先考虑保障快递业务员、用户及公众的人身安全；在发生安全事件时，应将保证人身安全作为第一要求。比如，要求快递服务组织建立并执行车辆检查制度，配备车辆安全管理人员，建立场站现场管理、驾驶员行为规范等安全管理体系；要求驾驶员不应疲劳驾驶，每连续行驶 4 小时应停车休息 20 分钟或更换驾驶员，夜间连续驾驶不应超过 3 小时。

（3）配备必要的劳动安全卫生设施和劳动防护用品。《安全生产法》第四十五条规定：生产经营单位必须为从业人员提供符合国家标准或者行业标准的劳动防护用品，并监督、教育从业人员按照使用规则佩戴、使用。《关于做好快递员群体合法权益保障工作的意见》明确提出优化快递员生产作业环境，要求督促企业严格执行安全生产相关标准，加大资金投入、配齐劳保用品、升级作业装备、改善工作环境，确保生产作业安全。

（4）强化恶劣天气等特殊情形下的劳动保护。浙江、海南等地明确规定，企业应当加强恶劣天气等特殊情形下的劳动保护，应及时采取减少派单、提供防护设施或用具、延长单项服务时限等措施，保障劳动者生命健康安全。

律师提醒

平台企业不得制定损害劳动者安全健康的考核指标，不得以“最严算法”增加劳动强度。

139 新就业形态劳动者可以参加社会保险吗？

符合确立劳动关系情形的劳动者，有权要求与其建立劳动关系的平台企业或劳务派遣公司、外包公司为其参加职工社会保险。不完全符合确立劳动关系情形的劳动者，以及个人依托平台自主开展经营活动的平台自由职业者，可以以灵活就业人员的身份参加养老保险和医疗保险。《社会保险法》第十条第二款规定：无雇工的个体工商户、未在用人单位参加基本养老保险的非全日制从业人员以及其他灵活就业人员可以参加基本养老保险，由个人缴纳基本养老保险费。第二十三条第二款规定：无雇工的个体工商户、未在用人单位参加职工基本医疗保险的非全日制从业人员以及其他灵活就业人员可以参加职工基本医疗保险，由个人按照国家规定缴纳基本医疗保险费。《关于维护新就业形态劳动者劳动保障权益的指导意见》要求完善基本养老保险、医疗保险相关政策，各地要放开灵活就业人员在就业地参加基本养老、基本医疗保险的户籍限制，个别超大型城市难以一步实现的，要结合本地实际，积极创造条件逐步放开。组织未参加职工基本养老、职工基本医疗保险的灵活就业人员，按规定参加城乡居民基本养老、城乡居民基本医疗保险，做到应保尽保。督促企业依法参加社会保险。企业要引导和支持不完全符合确立劳动关系情形的新就业形态劳动者根据自身情况参加相应的社会保险。

在各地放开灵活就业人员在就业地参加基本养老保险、基本医疗保险的户籍限制后，劳动者可以在就业地以灵活就业人员身份参加职工养老保险、职工医疗保险（有些地方还允许参加职工失业保险）。如果劳动者未参加职工社会保险的，则可以依照规定在就业地或者户籍地参加城乡居民基本养老和基本医疗保险。比如，北京市《关于促进新就业形态健康发展的若干措施》第三条第六项提出，逐步完善灵活就业社会保险制度，稳定长期在京实际就业的“平台网约劳动者”和“平台个人灵活就业人员”可按规定参加本市职工基本养老、基本医疗和失业保险，也可选择在户籍地参加社会保险。

律师提醒

以灵活就业人员的身份参加社保的，可选择按月、按季、按半年、按年等方式缴费，缴费全部由个人承担。灵活就业人员达到国家规定的退休年龄，且满足基本养老保险最低缴费年限条件的，可按月领取基本养老金。

140 新就业形态劳动者是否享有职业伤害保障的权利？

符合确立劳动关系情形的劳动者，有权要求用人单位为其参加工伤保险，劳动者受到工伤伤害的，可以根据《社会保险法》《工伤保险条例》的规定，获得相应的工伤保险待遇。不完全符合确立劳动关系情形的劳动者和平台自由职业者等平台灵活就业人员，由于其就业方式相对灵活，没有与企业建立劳动关系，无法纳入现行的工伤保险制度来保障其权益，因此，需要有专门的职业伤害保障制度来解决他们受到职业伤害而无法得到充分保障的问题。《关于维护新就业形态劳动者劳动保障权益的指导意见》提出，以出行、外卖、即时配送、同城货运等行业的平台企业为重点，组织开展平台灵活就业人员职业伤害保障试点，平台企业应当按规定参加。采取政府主导、信息化引领和社会力量承办相结合的方式，建立健全职业伤害保障管理服务规范和运行机制。鼓励平台企业通过购买人身意外、雇主责任等商业保险，提升平台灵活就业人员保障水平。

《关于落实网络餐饮平台责任切实维护外卖送餐员权益的指导意见》第五条综合运用保险工具，着力强化保障力度中也提出，按照国家规定参加平台灵活就业人员职业伤害保障试点，防范和化解外卖送餐员职业伤害风险。鼓励针对平台就业特点，探索提供多样化商业保险保障方案，确保缴纳费用足额投保，提高多层次保障水平。

需要注意的是，《浙江省维护新就业形态劳动者劳动保障权益实施办法》（浙人社发〔2021〕56号）提出了为新就业形态劳动者单险种参加工伤保险的新保障方式，其第二十七条规定，推进新就业形态劳动者的职业伤害保障工作，平台企业按照《浙江省数字经济促进条例》规定为劳动者单险种参加工伤保险。劳动者同时接送多单且难以确定责任的，由同一路程首单平台企业承担工伤保险责任。平台企业单险种参加工伤保险的，参保缴费、工伤认定、劳动能力鉴定、待遇标准、争议处理等按照《工伤保险条例》《浙江省工伤保险条例》及其相关配套规定执行。平台企业和劳动者未建立劳动关系且未按本办法规定单险种参加工伤保险的，不适用《工伤保险条例》《浙江省工伤保险条例》等法规。

律师提醒

对平台自由职业者，如网络设计师、网络咨询师等来说，平台只是发挥中介居间作用，对平台自由职业者并不进行管理，因此，平台自由职业者的职业伤害保障主要还是由自己购买商业保险来获得，平台企业还可以通过购买人身意外险来提高自由职业者的保障水平。

141 劳动者被要求注册为个体工商户，对自身权益有何影响以及救济途径有哪些？

在新型用工模式涌现的同时，有些单位采取让劳动者注册“个体工商户”后，再与本单位或合作单位签订承揽协议的形式用工，以此来掩盖其实质用工身份。比如，当骑手以个体工商户名义从事配送活动，他们就被排除在劳动者的范围之外，与企业之间无法建立劳动关系，在最低工资、休息休假、社会保险、福利待遇等方面，都无法获得劳动法律保护，不得不自担风险、自负盈亏。

为了防止平台企业诱导、强迫劳动者注册为个体工商户，《促进个体工商户发展条例》第三十条第二款明确规定：任何单位和个人不得诱导、强迫劳动者登记注册为个体工商户。

地方也有类似规定，如《海南省维护新就业形态劳动者劳动保障权益实施办法》（琼人社规〔2021〕16号）第五条明确提出，企业不得以强迫、诱导等不正当方式，要求劳动者注册为在该企业直接经营或与其合作经营的个体工商户。《浙江省维护新就业形态劳动者劳动保障权益实施办法》第八条也规定：企业与劳动者约定其以个体经营者身份完成工作，但对劳动者进行劳动过程管理的，根据用工事实界定成立劳动关系或者不完全符合确立劳动关系情形，相应确定双方的权利义务。

如果劳动者被要求注册为个体工商户的，可以根据《最高人民法院关于为稳定就业提供司法服务和保障的意见》（法发〔2022〕36号）第七条的规定提起诉讼，确认与平台企业之间的劳动关系，平台企业或者用工合作单位要求劳动者登记为个体工商户后再签订承揽、合作等合同，或者以其他方式规避与劳动者建立劳动关系，劳动者请求根据实际履行情况认定劳动关系的，人民法院应当在查明事实的基础上依法作出相应认定。

律师提醒

劳动者被要求注册成为个体工商户，是一些企业为了规避用工主体责任、切断与劳动者之间的劳动关系的恶劣做法。劳动者在入职签订相关协议时，一定要留意协议内容，不要轻易注册为个体工商户。

142 合作用工中劳动者权益受到损害的，平台企业依法承担什么责任？

平台企业为了分散用工风险，规避《劳动法》上的义务，往往采取劳务派遣、劳务外包等用工方式。在合作用工中劳动者权益受到损害的，平台企业同样要依法承担相应责任。

（1）平台企业采取劳务派遣合作用工，依法承担用工单位责任。

根据《劳动合同法》相关规定，劳务派遣用工单位承担的责任有：

用工单位应当在与劳务派遣单位签订的劳务派遣协议中明确派遣岗位和人员数量、派遣期限、劳动报酬和社会保险费的数额与支付方式以及违反协议的责任。

用工单位应当根据工作岗位的实际需要与劳务派遣单位确定派遣期限，不得将连续用工期限分割订立数个短期劳务派遣协议。

劳务派遣单位和用工单位不得向被派遣劳动者收取费用。

用工单位应当执行国家劳动标准，提供相应的劳动条件和劳动保护。

用工单位应告知被派遣劳动者的工作要求和劳动报酬。

用工单位应给被派遣劳动者支付加班费、绩效奖金，提供与工作岗位相关的福利待遇。

用工单位应当保证被派遣劳动者与本单位员工同工同酬，不得降低其工资标准。

用工单位应保障被派遣劳动者依法参加或者组织工会的权利，不得以没有劳动关系或其他理由阻止劳动者参加本单位工会。

用工单位对在岗被派遣劳动者应进行工作岗位所必需的培训。

用工单位连续用工的，实行正常的工资调整机制。

用工单位应当按照劳务派遣协议使用被派遣劳动者，不得将劳动者再派遣到其他用工单位。

用工单位不得自设劳务派遣单位，向本单位或所属单位派遣劳动者。

用工单位如有法律规定的情形，如未按照合同约定提供劳动保护或者劳动条件，以暴力、威胁或者非法限制人身自由的手段强迫劳动者劳动的，或违章指挥、强令冒险作业危及劳动者人身安全的，被派遣劳动者有权利立即终止劳动，要求用工单位承担相应责任。

用工单位给被派遣劳动者造成损害的，劳务派遣单位与用工单位承担连带赔偿责任。

（2）平台企业采用外包等合作用工的，应当承担相应责任。

平台企业采用外包方式合作用工的，外包企业对劳动者进行直接的劳动管理，因此应负首要的用工责任；平台企业基于算法管理，对于劳动者仍然有一定程度的管理和控制，也应当承担因算法、劳动规则等不合理和劳动管理不当等造成劳动者权益损害的补充责任。如果平台企业与劳务合作企业根据《新就业形态劳动者劳动合同和书面协议订立指引（试行）》第十一条的规定，签订了保障劳动者权益的专项协议，双方应当按照专项协议的约定承担各自的责任。

律师提醒

在新经济形态下，平台企业通过互联网招募劳动者、整合供需信息和资源、制定工作规则和算法、通过规则来控制劳动者的服务过程。因此，即使平台企业采用劳务派遣或者外包等合作用工形式的，在劳动者权益保障方面也要承担相应责任。

143 新就业形态劳动者在多平台就业的，哪一个平台应对其承担责任？

《关于维护新就业形态劳动者劳动保障权益的指导意见》第二条第四项明确要求，不得违法限制劳动者在多平台就业。之所以要这样规定，不仅是因为垄断限制了劳动者的选择权，还因为垄断导致劳动者对个别平台的依赖性过大，劳动者的议价能力被降低。如果市场竞争较为充分，不同平台之间会在薪酬、福利方面进行竞争，形成一个相对合理的薪酬和风险保障结构。

劳动者在多平台就业的，各平台应对其相应的劳动报酬、职业伤害保障各负其责。对于劳动者工作时长、休息时间等需要多平台协作确定的，还需要未来的进一步规定。

律师提醒

"不得违法限制劳动者在多平台就业"的规定仅适用于新就业形态劳动者，并不是说所有劳动者都可以有两家以上的工作单位。

144　新就业形态劳动者每日工作时间如何计算？

人力资源社会保障部办公厅印发的《新就业形态劳动者休息和劳动报酬权益保障指引》第四条明确规定："新就业形态劳动者每日工作时间包括当日累计接单时间和适当考虑劳动者必要的在线等单、服务准备、生理需求等因素确定的宽放时间。企业明确要求新就业形态劳动者在线时间或在指定时间前往指定场所接受常规管理的，企业要求的在线时间和线下接受常规管理时间计入工作时间。

"接单时间是指劳动者自执行订单任务时起至完成任务时止的全部时间。劳动者同一时间接两个及以上订单，接单时间不重复计算。劳动者因作业性质和特点，在接单时间内执行订单任务期间可获得连续较长休息时间的，该休息时间可不计入工作时间。

"宽放时间由企业与工会或新就业形态劳动者代表结合行业实际，平等协商合理确定。"

因此，新就业形态劳动者每日工作时间包括接单时间、宽放时间以及企业要求的在线时间和线下接受常规管理时间。

律师提醒

平台企业与工会或新就业形态劳动者代表要合理确定新就业形态劳动者连续最长接单时间和每日最长工作时间。新就业形态劳动者也要了解连续最长接单时间和每日最长工作时间，注意休息，在系统提示下停止工作，或者在现有订单任务完成后停止工作。

145 新就业形态劳动者是否适用最低工资制度？

《新就业形态劳动者休息和劳动报酬权益保障指引》第八条规定：“不完全符合确立劳动关系情形但企业对劳动者进行劳动管理的新就业形态劳动者，适用劳动者实际工作地人民政府规定的小时最低工资标准。”第十三条规定：“符合确立劳动关系情形的新就业形态劳动者，休息和适用最低工资标准等按照《中华人民共和国劳动法》《最低工资规定》等法律法规规章执行。”

最低工资标准一般采取月最低工资标准和小时最低工资标准的形式。月最低工资标准适用于全日制就业劳动者，小时最低工资标准适用于非全日制就业劳动者。根据上述规定，新就业形态劳动者适用最低工资制度分为两种情况：

（1）不完全符合确立劳动关系情形但企业对劳动者进行劳动管理的新就业形态劳动者，适用小时最低工资标准；

（2）符合确立劳动关系情形的新就业形态劳动者，需要区分全日制和非全日制，全日制劳动者适用月最低工资标准，非全日制劳动者适用小时最低工资标准。

律师提醒

最低工资标准适用的前提是劳动者提供了正常劳动。对于符合确立劳动关系情形的新就业形态劳动者来说，依法享受带薪年休假、探亲假、婚丧假、生育（产）假、节育手术假等国家规定的假期间，以及法定工作时间内依法参加社会活动期间，均视为提供了正常劳动，适用最低工资标准。

146 新就业形态劳动者在休息日以及法定节假日工作是否有加班费？

《新就业形态劳动者休息和劳动报酬权益保障指引》第九条规定：“新就业形态劳动者在法定节假日工作的，

企业应向劳动者支付高于正常工作时间劳动报酬的合理报酬。”根据该规定，无论是符合确立劳动关系情形的还是不符合确立劳动关系情形但企业对劳动者进行劳动管理的新就业形态劳动者，在法定节假日工作都应获得高于正常工作时间劳动报酬的合理报酬。法定节假日包含：（1）元旦，放假1天（1月1日）；（2）春节，放假4天（农历除夕、正月初一至初三）；（3）清明节，放假1天（农历清明当日）；（4）劳动节，放假2天（5月1日、2日）；（5）端午节，放假1天（农历端午当日）；（6）中秋节，放假1天（农历中秋当日）；（7）国庆节，放假3天（10月1日至3日）。

新就业形态劳动者在休息日加班的，要区分情况对待：对于符合确立劳动关系情形的新就业形态劳动者来说，加班费支付按照《劳动法》执行；不符合确立劳动关系情形但企业对劳动者进行劳动管理的新就业形态劳动者，目前尚没有休息日工作支付加班费的规定。

律师提醒

符合确立劳动关系情形的新就业形态劳动者，休息日及法定节假日的加班费按照《劳动法》第四十四条相关规定执行。

147 平台企业需要向劳动者公开哪些劳动规则？

根据《新就业形态劳动者劳动规则公示指引》第三条的规定，劳动规则是指平台企业组织新就业形态劳动者提供网约服务，进行工作调度和劳动管理时所依据的规章制度、格式合同条款和算法规则等。

根据《新就业形态劳动者劳动规则公示指引》第五条的规定，平台企业要向依托平台就业的新就业形态劳动者公开订单分配、报酬及支付、工作时间和休息、职业健康与安全、服务规范等与劳动者基本权益直接相关的规章制度、格式合同条款、算法规则及其运行机制等。包括并不限于：

（1）新就业形态劳动者进入、退出平台规则；

（2）平台订单分配规则，包括订单分配的基本原则、订单优先分配或差别性分配规则等；

（3）报酬规则，包括计件单价及确定因素，抽成比例及确定因素，报酬构成及支付周期、支付方式等；

（4）工作时间和休息规则，包括任务完成时限要求及其确定依据和主要影响因素等，为防止疲劳对每日（或周/月）累计最长工作时间、停止推送订单休息等限制性规定；

（5）奖惩规则，包括服务要求和规范，考核制度，奖励和惩戒的情形、方式、标准，劳动者的申诉渠道和企业处理申诉的程序、结果反馈方式等；

（6）其他直接涉及劳动者切身利益的规则。

律师提醒

为了更好地了解自己的权利义务，新就业形态劳动者一定要认真阅读平台企业公示的劳动规则，并保留相关证据，如果有意见建议，可以向平台企业反馈。

148 平台企业制定或者修订劳动规则，是否需要告知劳动者？

《新就业形态劳动者劳动规则公示指引》第六条规定："平台企业制定或修订直接涉及新就业形态劳动者权益的劳动规则，要提前通过应用程序弹窗等显著方式向劳动者公开征求意见，充分听取工会或劳动者代表的意见建议，将采纳情况告知劳动者。确定实施前，至少提前七日向劳动者予以公示。"

劳动规则公示指引出台的目的就在于保障新就业形态劳动者知情权和参与权，故平台企业对于直接涉及劳动者权益的劳动规则的制定或修订，要提前告知劳动者征集意见、听取意见，并进行公示。

律师提醒

劳动规则与每位劳动者息息相关，而且公开征集意见的都是直接涉及劳动者权益的劳动规则，劳动者一定要认真阅读，如果确有意见，一定要及时反馈。

149 新就业形态劳动者的权益受到侵害时，可以通过哪些方式依法维权？

依据《新就业形态劳动者权益维护服务指南》的相关规定，新就业形态劳动者的权益受到侵害时，可以通过以下途径依法维权：

（1）向平台企业反映或者与企业协商解决，如认为平台用工合作企业侵犯其合法权益的，对报酬计算、服务时长、服务费用扣减、奖惩、平台用工合作企业管理服务等有异议的，或遭遇职场欺凌、骚扰的，均可向平台企业反映或申诉；

（2）请工会或第三方组织共同与企业协商解决；

（3）向人民调解委员会和各级各类专业性劳动争议调解组织申请调解；

（4）发生争议后调解不成或当事人不愿调解，符合劳动争议受案范围的，新就业形态劳动者可向实际工作地的劳动争议仲裁机构申请劳动争议仲裁；不符合劳动争议受案范围的，新就业形态劳动者可直接向人民法院起诉；

（5）符合劳动保障监察职权范围的事项，新就业形态劳动者可向人力资源社会保障行政部门举报投诉。

律师提醒

新就业形态劳动者维护自身权益时应当依法合理表达诉求，不得采取违法和过激形式。另外，经调解达成的调解协议具有法律约束力，当事人应按照约定履行。但如果需要强制执行才能履行的，建议劳动者依法向人民法院申请司法确认或向劳动争议仲裁机构申请置换，取得可以直接向法院申请强制执行的法律文书。

150 新就业形态劳动者如何申请法律援助?

《新就业形态劳动者权益维护服务指南》第十四条规定:“新就业形态劳动者认为平台企业、平台用工合作企业侵犯自身劳动权益申请劳动争议仲裁或者向人民法院提起诉讼的,可向工会组织申请法律援助等服务。”第十九条规定:“新就业形态劳动者可依法向法律援助机构申请法律援助。”因此,符合条件的新就业形态劳动者,既可以向司法行政部门设立的法律援助机构申请法律援助,也可以申请工会职工法律援助。

另外,根据《法律援助法》第四十二条规定:“法律援助申请人有材料证明属于下列人员之一的,免予核查经济困难状况:……(三)申请支付劳动报酬或者请求工伤事故人身损害赔偿的进城务工人员。”因此,如果新就业形态劳动者符合上述条件,可以不提交经济困难证明等材料。

律师提醒

法律援助服务不仅包含调解与案件代理,还包含法律咨询和代拟法律文书等,法律援助机构还会通过服务窗口、电话、网络等多种方式提供法律咨询服务。因此，新就业形态劳动者如果合法权益受到侵害，可以通过法律援助电话或者窗口等方式进行法律咨询，再选择适合自己的维权途径。

后 记

为深入学习贯彻党的二十大和二十届二中、三中全会精神，深入贯彻习近平新时代中国特色社会主义思想，全面贯彻习近平法治思想，坚持和发展新时代“枫桥经验”，全面推行“新时代枫桥经验”工会实践，持续做好职工法律服务工作，更好满足广大职工学法用法需求，我们对2023年出版的《职工权益维护法律知识微手册》进行了再版修订，以前版框架内容为基础，结合国家现行法律政策规定和实践发展变化，对广大职工关心的法律政策问题作了补充完善，对职工维权纠纷常见问题进行解答，以期帮助广大职工进一步树立法治意识、增强法治观念，依法维护自身权益。

本手册由中华全国总工会法律工作部组织编写，中华全国总工会女职工部、中国劳动关系学院法学院、中国政法大学民商经济法学院、北京致诚农民工法律援助与研究中心、北京市兰台律师事务所给予了大力支持和配合，在此表示诚挚感谢。因时间仓促、能力有限，本手册难免存在疏漏不当之处，敬请批评指正。

编　者

2024年12月

图书在版编目（CIP）数据

职工权益维护法律知识微手册 / 中华全国总工会法律工作部编著. -- 2版. -- 北京：中国工人出版社，2024. 11. -- ISBN 978-7-5008-8169-8

Ⅰ. D922.5-62

中国国家版本馆CIP数据核字第202429N6F0号

职工权益维护法律知识微手册（第2版）

出 版 人 董 宽
责任编辑 赵晨羽
责任校对 张 彦
责任印制 栾征宇
出版发行 中国工人出版社
地　　址 北京市东城区鼓楼外大街45号　邮编：100120
网　　址 http://www.wp-china.com
电　　话 （010）62005043（总编室）
（010）62005039（印制管理中心）
（010）62382916（工会与劳动关系分社）
发行热线 （010）82029051　62383056
经　　销 各地书店
印　　刷 三河市国英印务有限公司
开　　本 787毫米×1092毫米　1/32
印　　张 8.125
字　　数 135千字
版　　次 2025年1月第2版　2025年11月第2次印刷
定　　价 28.00元